Herausgeberin: Dr. Imke Barbara Peters

Dr. Imke Barbara Peters, Sabine Kuska, Monika Marquardt

Kosmetik

Das Buch zum Beruf

Arbeitsheft

1. Auflage

Bestellnummer 07437

Bildungsverlag EINS

Dr. Imke Barbara Peters, OStR
Sabine Kuska, StR
Monika Marquard, OStR

Alle Autorinnen haben als Lehrerinnen jahrelange praktische Erfahrungen in der Ausbildung von Schülerinnen und Schülern in Berufsfachschulen und Berufsschulen des Berufsfeldes Körperpflege. Sabine Kuska ist Mitglied der Rahmenlehrplankommission „Berufsfachschule Kosmetik" in Niedersachsen.

Hinweise:
Zur Bearbeitung der Aufgaben sind die Fachinformationen im **roten Bereich** des Fachbuches „Kosmetik. Das Buch zum Beruf" (Bestellnummer 7435) erforderlich. Außerdem können Sie viele Aufgaben mithilfe des Fachlexikons/Stichwortverzeichnisses im **gelben Bereich** des Fachbuches beantworten. Weiterführende Informationen zur Beantwortung der Aufgaben können Sie z. B. aus Lexika (auch aus dem Internet) oder unter den angegebenen **Internetadressen** im Fachbuch ermitteln.

Haben Sie Anregungen oder Kritikpunkte zu diesem Produkt?
Dann senden Sie eine E-Mail an 07437_001@bv-1.de
Autoren und Verlag freuen sich auf Ihre Rückmeldung.

www.bildungsverlag1.de

Bildungsverlag EINS GmbH
Sieglarer Straße 2, 53842 Troisdorf

ISBN 978-3-427-**07437**-3

Inhaltsverzeichnis

1 Entwicklung und Aufgaben der Kosmetik

1 Ausbildung und Arbeitsbereiche in der Kosmetik

1. „Kosmetikerinnen drücken doch nur Pickel aus!“ – Solche Vorurteile gegenüber der **Kosmetikausbildung** sollten Sie ganz schnell ausräumen. Informieren Sie sich über die Vielzahl der Tätigkeiten, indem Sie jeweils vier Inhalte den sieben Bereichen zuordnen.

- **Aknebehandlungen**
- **Apparative Massagegeräte einsetzen**
- **Arbeits- und Verkaufsräume gestalten**
- **betriebswirtschaftliche Grundlagen einer Unternehmensgründung durchführen**
- **Camouflagetechniken**
- **Cellulitebehandlungen**
- **die Haut mit manuellen und apparativen Methoden untersuchen**
- **die Haut reinigen**
- **ein Gespräch zur Anamnese durchführen**
- **eine Kundenkartei anlegen**
- **für Waren und Dienstleistungen werben**
- **geeignete Massagepräparate auswählen**
- **Hautzustände sowie Veränderungen der Haut erkennen**
- **Intensivreinigungen mit manuellen und apparativen Methoden**
- **klassische Massagegriffe**
- **klassische und aktuelle Spezialbehandlungen**
- **Lippen- und Augen-Make-up-Präparate empfehlen und die Anwendung demonstrieren**
- **Lippenstift, Augen-Make-up und Nagellack entfernen**
- **Reinigungspräparate auswählen**
- **Spezialbehandlungen erklären und empfehlen**
- **Stilrichtungen und Modetrends umsetzen**
- **typgerechte Schminktechniken**
- **Waren- und Dienstleistungspreise kalkulieren und auszeichnen**
- **Wirkungen klassischer und spezieller Massagetechniken unterscheiden**

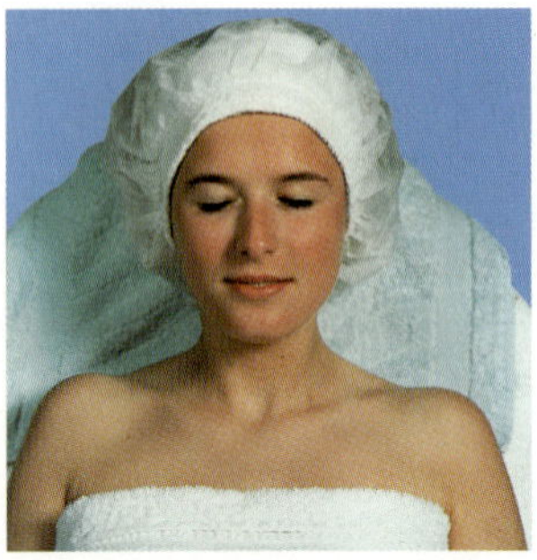

Bereich: Kosmetische Diagnosen erstellen

manuelle u. apparativen
Metho. untersuchen
Gespräch zur Anamnese

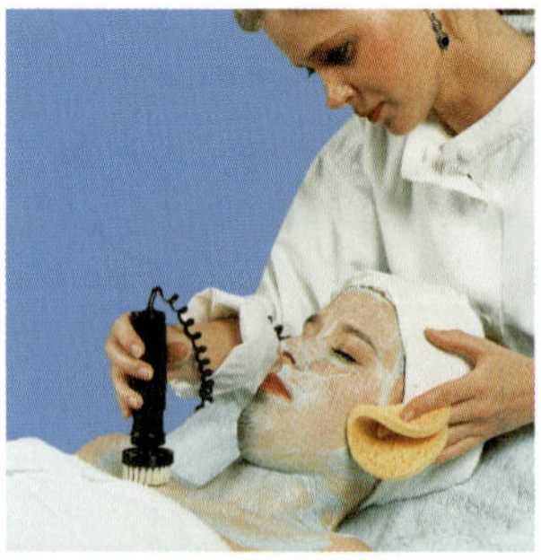

Bereich: Die Haut und ihre Anhangsgebilde reinigen und für weitere Maßnahmen vorbereiten

Haut reinigen
Lippen, Augen-Make-up entfernen

Bereich: Dekorative Maßnahmen durchführen

Camouflagetechniken
~~Lippenstift, Augen-Make-up.~~
Stilrichtungen- und Mode trends umsetzen
Typgerechte Schminktechniken

Bereich: Kosmetische Massagen anwenden

kl. Massagegriffe

Bereich: Betriebswirtschaftlich handeln

Bereich: Kunden betreuen und Verkaufsgespräche führen

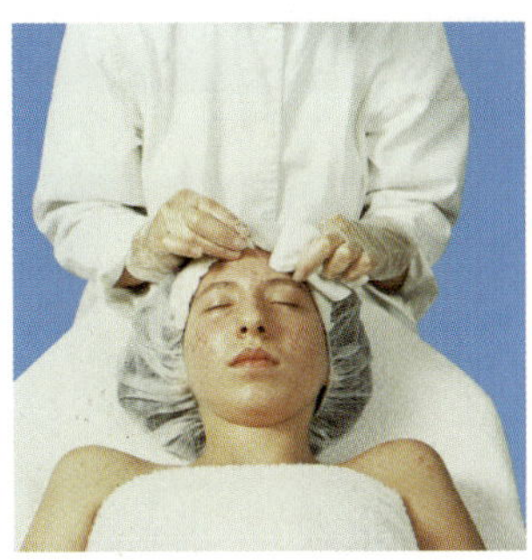

Bereich: Spezialbehandlungen durchführen

Aknebehandlung

1

2 Geschichte der Kosmetik

1. Zur Orientierung: Bringen Sie die geschichtlichen Epochen zu den Ursprüngen der Pflege und Dekoration des menschlichen Körpers durch Nummerierung in die richtige Reihenfolge.
(Beginnen Sie mit der ältesten Epoche = Nr. 1).

Epoche	Nr.	Abb.	Epoche	Nr.	Abb.
Griechische Hochkultur/ Antike	_____		Römische Hochkultur/ Römisches Reich/Antike	_____	
Gotik/Mittelalter	_____		Romanik/Mittelalter	_____	
Renaissance	_____		Barock	_____	
Rokoko	_____		Ägyptische Hochkultur/ Antike	_____	
Französische Revolution	_____		Biedermeier	_____	

2. Bei der nächsten Karnevalssitzung möchte sich eine Kundin als **Nofretete** verkleiden. Sie erkundigt sich bei Ihnen nach der typischen Kosmetik.
   a) Wer war Nofretete und was bedeutete ihr Name?

   b) In welcher geschichtlichen Epoche lebte Nofretete?

   c) Was können Sie mithilfe der bis heute erhaltenen Büste der Nofretete über ihre dekorative Kosmetik aussagen?

   d) Welche Pflanzenfarben verwendete man zu dieser Zeit für die Kosmetik?

   e) Wie sahen die zu Nofretetes Zeiten verwendeten (ersten) „Lippenstifte" aus?

   f) Wie wurden zu dieser Zeit die Finger- und Zehennägel gestaltet?

3. Kreuzen Sie an: „In einem gesunden Körper wohnt ein gesunder Geist." Diese Erkenntnis ist schon ziemlich alt und stammt:

aus dem Mittelalter.	☐
von der antiken griechischen Hochkultur.	☐
aus dem Rokoko.	☐
von der antiken ägyptischen Hochkultur.	☐
aus der Romanik.	☐

1

4. Eine Kundin will auf einem mittelalterlichen Markt, der im Sommer in ihrer Stadt stattfinden soll, mitmachen und entsprechend gekleidet, frisiert und geschminkt sein. Sie fragt nach typischen kosmetischen Maßnahmen, die Frauen bis vor 500 Jahren im **Mittelalter** in Europa durchführten, um gepflegt und gemäß der Kirchenvorschriften „schön" auszusehen.

5. Kreuzen Sie die richtigen Antworten an: Der Baderberuf wurde zu einem unehrenhaften Beruf …

während der Französischen Revolution.	☐
während des Mittelalters.	☐
wegen der Aufgabe des Baders, auch Lippenstifte zu verkaufen.	☐
wegen der lasterhaften Ausschweifungen in den Badestuben.	☐
wegen der hohen Preise eines Bades beim Bader.	☐

6. Kreuzen Sie die richtigen Antworten an: Wie und aus welchen Gründen wurde von den Menschen in der **Renaissance** Körperpflege betrieben?

Die Menschen der unteren Schichten wuschen sich mit viel Wasser.	☐
Die Menschen der oberen Bevölkerungsschichten hielten das Baden und Waschen mit Wasser für unfein.	☐
Die Menschen der Renaissance wuschen sich alle nur mit reinem Alkohol.	☐
Die Renaissance war die Zeit der Entdeckungen. Man fand z. B. heraus, dass die Haut Poren hat. Und man vermutete, dass durch diese kleinen „Löcher" (verschmutztes) Wasser in den Körper dringen könnte.	☐
Die Menschen, die es sich leisten konnten, verwendeten statt Wasser viele Düfte, die die eigenen Körpergerüche überdecken sollten.	☐

7. Eine Kundin will an einem ganz besonderen Weihnachtskonzert anlässlich von **Mozarts** 255. Geburtstag in der Stadthalle teilnehmen. Sie will Kleidung, Make-up und eine typische Frisur wie zu Lebzeiten Mozarts tragen.
   a) Welche Stilepoche ist gemeint?

   ____

   b) Beschreiben Sie typische Merkmale der Frisuren von Frauen während dieser Stilepoche.

   ____
   ____
   ____
   ____
   ____
   ____

   c) Welche typischen dekorativen Gestaltungstipps können Sie der Kundin geben, um wie damals schön und „sexy“ zu wirken?

   ____
   ____
   ____
   ____
   ____
   ____
   ____

8. Was machte den Pfarrer Sebastian **Kneipp** (1821 bis 1897) bekannt?

   ____
   ____
   ____

9. Kreuzen Sie an: Welche Aussagen zu kosmetischen Produkten sind richtig?

Bis vor etwa 100 Jahren wurden kosmetische Präparate fast immer in Handarbeit hergestellt.	☐
Hippokrates war ein berühmter Mediziner der Antike, der bereits kosmetische Rezepturen für kosmetische Präparate wie Badezusätze und Salben erstellte.	☐
Bis vor etwa 100 Jahren waren die Preise für kosmetische Produkte relativ hoch. Kosmetika wurden darum fast ausschließlich von Menschen der oberen Bevölkerungsschichten verwendet.	☐
Parfüm wurde erst vor etwa 100 Jahren entdeckt und von den Menschen verwendet.	☐
Bereits in der Antike vor fast 1800 Jahren (z. B. im Römischen Reich) gab es eine Creme, deren Wirkung mit der heutigen „Gold Cream“ vergleichbar ist.	☐

1

10. Wann waren diese Frisuren-, Make-up- und Kleidermoden aktuell? Ordnen Sie den Abbildungen jeweils die richtige **Stilepoche** zu:
40er-Jahre, 50er-Jahre, 60er-Jahre, 70er-Jahre, 80er-Jahre, 90er-Jahre, Ägyptische Hochkultur/Antike, Barock, Biedermeier, Griechische Hochkultur/Antike, Jugendstil, Rokoko, Gotik/Mittelalter, Romanik/Mittelalter

Hippies

Young fashion

Marilyn Monroe

Entwarnungsfrisur nach dem Zweiten Weltkrieg

Audrey Hepburn

3 Gesundheitsschutz, Unfallschutz, Umweltschutz und Hygiene

3.1 Hygiene im Kosmetikinstitut

1. Krankheitserreger können auf vielfältige Weise übertragen werden. Deshalb ist **Hygiene** auch im Kosmetikinstitut zur Verhütung von Krankheiten sehr wichtig. Kreuzen Sie die richtigen Aussagen an:

Hygiene umfasst vorbeugende Maßnahmen zum Schutz vor Krankheiten.	☐
Wichtige Hygienebestimmungen werden täglich in der Zeitung veröffentlicht.	☐
Hygiene-Verordnungen sollen übertragbare Krankheiten verhüten.	☐
Hygieia war in der griechischen Antike die Göttin der Gesundheit. Sie lebte vor etwa 50 Jahren.	☐
Wichtige Hygienebestimmungen finden sich im Bundesseuchengesetz und in den Hygiene-Verordnungen.	☐
Hygiene-Verordnungen sind Gesetze, die beachtet werden müssen. Eine Nichtbeachtung kann zu einer strafbaren Handlung führen.	☐

2. **Mikroorganismen** sind so klein, dass sie nur unter dem Mikroskop sichtbar sind. Ergänzen Sie die Lücken in der Tabelle.

Name	**Beispiele**	**Infektionskrankheiten, die von Mikroorganismen ausgelöst werden**
Bakterien 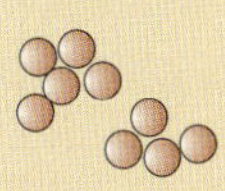 Staphylokokken (Haufenkokken) 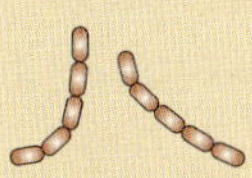 Streptokokken (Kettenkokken)	______ ______	Eiterflechte ______ ______ ______
______ 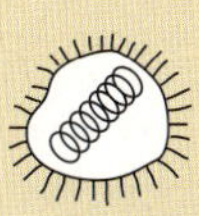 Gripppe-Virus  Herpes-Virus	______ Grippe-Virus Herpes-Virus	AIDS ______ ______ ______ ______
______ Fadenpilz  Schimmelpilz 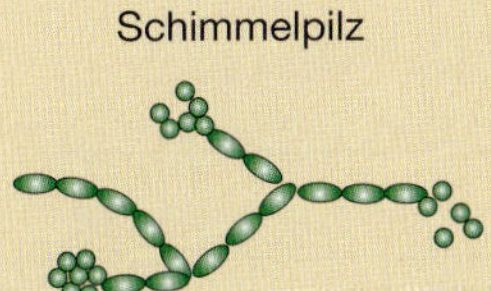 Hefepilz 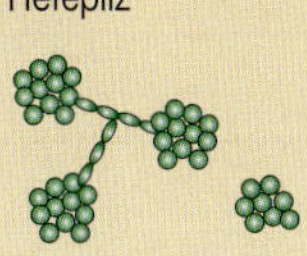	Fadenpilz Hefepilz Schimmelpilz	______ ______ ______ ______

1

3. Krankheitserreger lauern überall.
   a) Welche **Übertragungswege** von Krankheitserregern werden auf den Fotos dargestellt?
   b) Welche Krankheiten können übertragen werden?

Übertragungsweg in Foto 1:

a) ______________________________

____

b) ______________________________

____

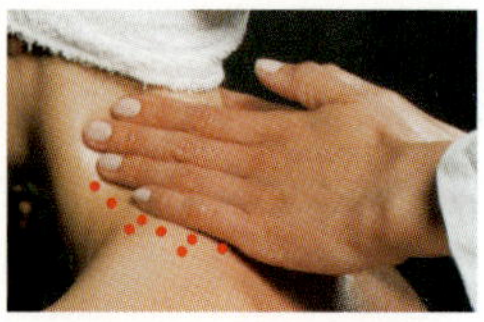

Übertragungsweg in Foto 2:

a) ______________________________

____

b) ______________________________

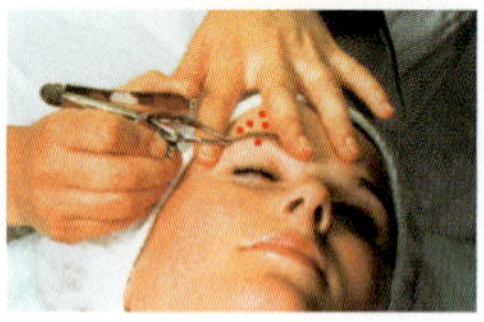

Übertragungsweg in Foto 3:

a) ______________________________

____

b) ______________________________

____

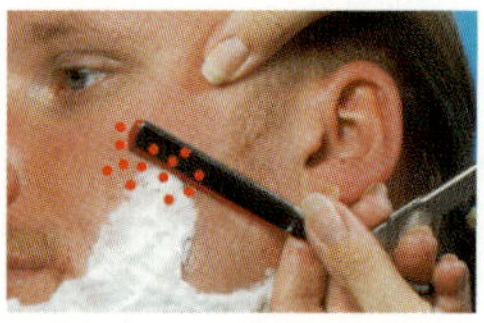

Übertragungsweg in Foto 4:

a) ______________________________

____

b) ______________________________

____

____

4. Nach jeder Behandlung müssen Werkzeuge desinfiziert oder sterilisiert werden. Erklären Sie den Unterschied zwischen einer **Desinfektion** und einer **Sterilisation**.

____

____

____

____

____

____

5. Müssen **Werkzeuge** nach der Benutzung am Kunden immer zuerst gereinigt oder zuerst desinfiziert werden? Begründen Sie Ihre Antwort.

____

____

____

____

6. Nennen Sie verschiedene Produkte, die zur **Desinfektion** geeignet sind.

   a) Händedesinfektion

   b) Desinfektion einer zu behandelnden Hautfläche, z. B. bei einer Aknebehandlung

   c) Desinfektion von Werkzeugen und Geräten

7. Erklären Sie die **Desinfektion von Werkzeugen** mithilfe eines Tauchbades in der Desinfektionswanne.

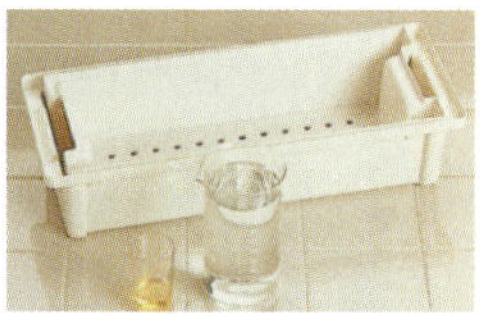

8. **Hygienemaßnahmen** müssen auch bei der dekorativen Kosmetik beachtet werden. So darf der im Kosmetikinstitut verwendete Lippenstift niemals direkt die Lippen der Kunden berühren! Erklären und begründen Sie mithilfe der Fotos, wie eine Kosmetikerin Lippenstift unter Beachtung der Hygiene richtig aufträgt.

   Begründung:

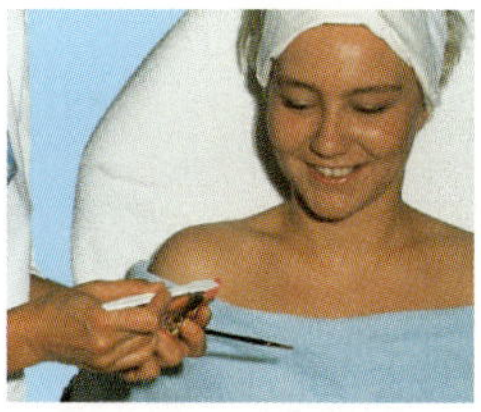

   Richtiges Vorgehen:

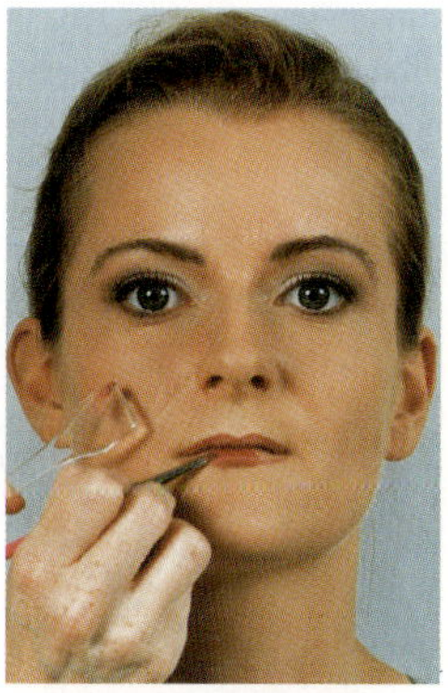

9. Wegen des direkten Kontakts mit anderen Menschen müssen Kosmetikerinnen auch **Maßnahmen der persönlichen Hygiene** einhalten. Begründen und erläutern Sie stichwortartig folgende Maßnahmen:

Maßnahmen der persönlichen Hygiene	**Begründung: Warum ist diese Maßnahme wichtig?**	**Erläuterung: Was muss ich konkret tun?**
Saubere Arbeitskleidung 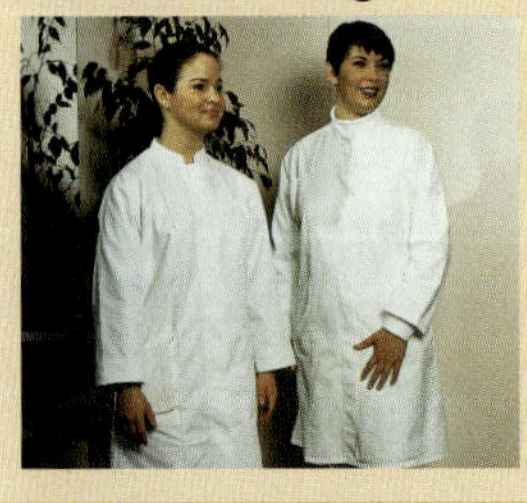		
Tägliche Körperreinigung 		
Mundpflege 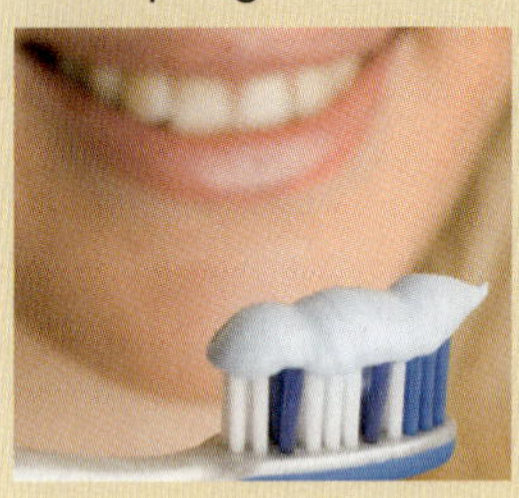		
Haut- und Haarpflege  		
Hand- und Nagelpflege 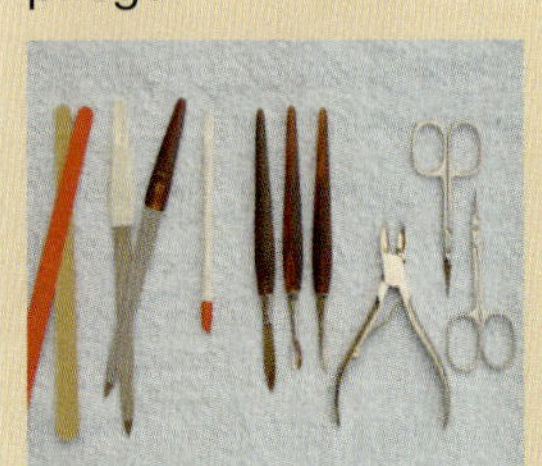		

3.2 Arbeits- und Unfallschutz im Kosmetikinstitut

1. Kreuzen Sie die richtigen Aussagen zum **Arbeits- und Unfallschutz** bei der Arbeit im Kosmetikinstitut an.

Stromkabel dürfen nicht im Weg liegen, weil sie eine Stolperfalle darstellen, die zu Knochenbrüchen oder Stauchungen führen kann.	☐
Stromunfälle vermeidet man am besten dadurch, dass man nur technisch einwandfreie elektrische Gerate verwendet.	☐
Bei der apparativen Kosmetik müssen alle Unfallverhütungsvorschriften zum Umgang mit elektrischem Strom eingehalten werden.	☐
Der eigene Hautschutz spielt für Kosmetikerinnen keine Rolle, weil sie sich ja täglich mit der Haut beschäftigen.	☐
Schutzhandschuhe können eine Infektion mit Krankheitserregern vermeiden.	☐

2. Erklären Sie die richtige Haltung beim **Heben und Tragen** schwerer Gegenstände mithilfe der Abbildung.

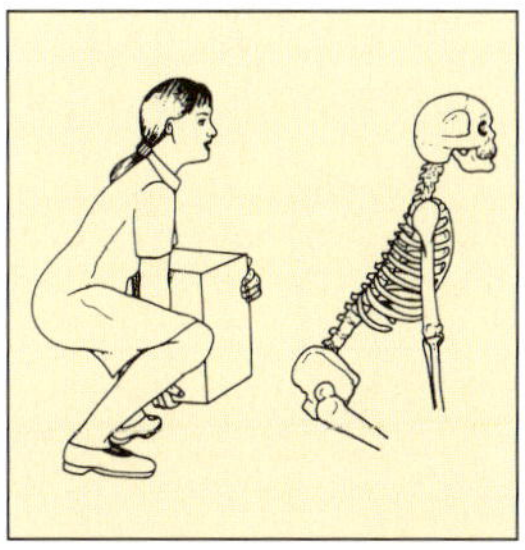

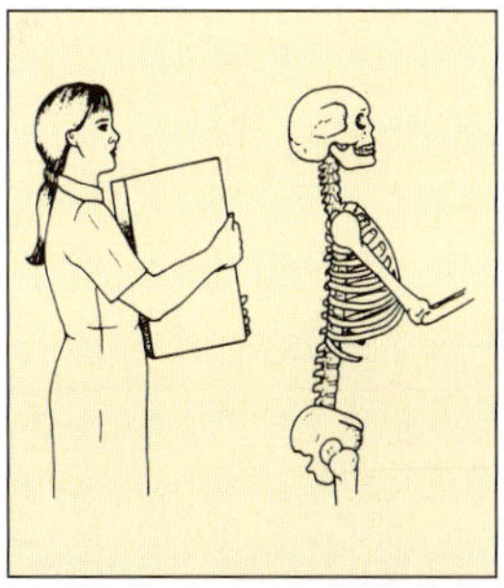

3. Bei bestimmten Behandlungen und Tätigkeiten im Kosmetikinstitut müssen Sie **Schutzhandschuhe** tragen, weil Infektionsgefahr besteht. Zählen Sie Beispiele auf.

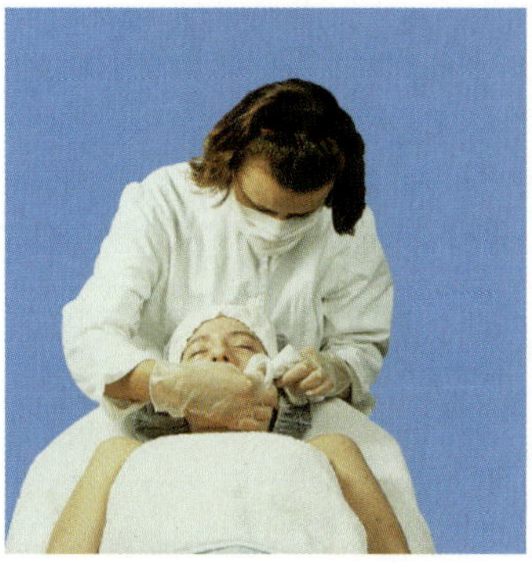

1

3.3 Umweltschutzmaßnahmen

1. Kreuzen Sie die richtigen Aussagen zu **Umweltschutzmaßnahmen** an.

Umweltschutz bedeutet zugleich auch Gesundheitsschutz und sollte im Kosmetikinstitut sorgfältig betrieben werden.	☐
Tägliches Lüften aller Räume im Kosmetikinstitut zur Beseitigung von möglichen Schadstoffen ist notwendig.	☐
Verpackungen für kosmetische Produkte sollten aus Umweltschutzgründen immer aus Plastikfolie bestehen.	☐
Weil die Erde zu drei Viertel mit Wasser bedeckt ist, kann man mit ruhigem Gewissen Wasser immer verschwenderisch nutzen.	☐
Jeder Mensch in Deutschland verbraucht täglich etwa 145 Liter kostbares Trinkwasser.	☐

2. Welche fünf (oder mehr) **Wassersparmaßnahmen** oder **Gewässerschutzmaßnahmen** setzen Sie persönlich ab sofort um?

2 Dermatologie

1 Die Haut

1.1 Aufbau und Funktion der Haut

1. Beschriften Sie die Abbildung zur **Haut.**

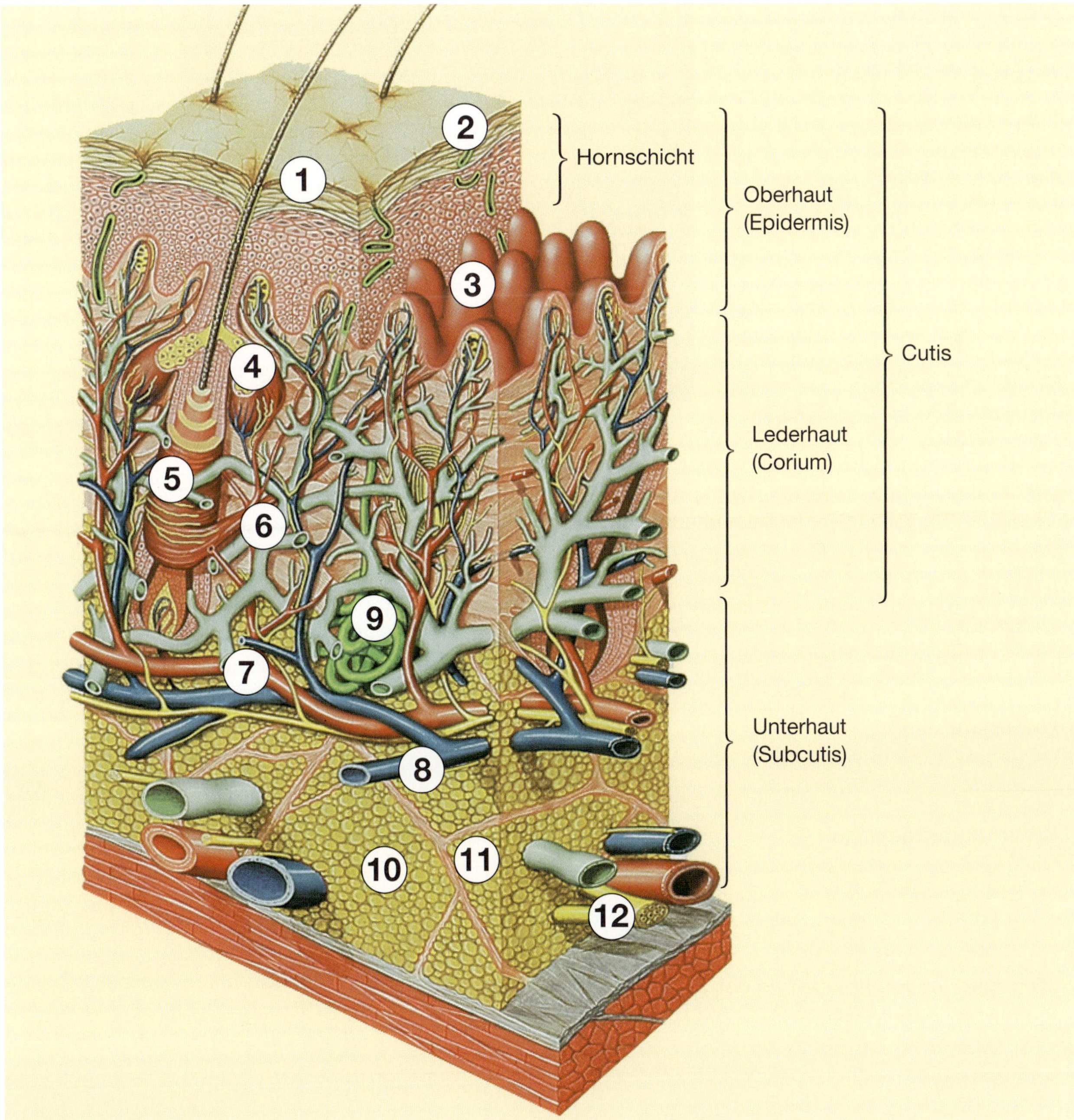

Bestandteile der Haut

① ______________________

② ______________________

____

③ ______________________

④ ______________________

⑤ ______________________

⑥ ______________________

⑦ ______________________

⑧ ______________________

⑨ ______________________

⑩ ______________________

⑪ ______________________

⑫ ______________________

2. Kreuzen Sie die richtigen Begriffe an: Welche weiteren Bezeichnungen für den Begriff **Haut** sind richtig?

Cutis	☐
Cuticula	☐
Keimschicht	☐
Dermis	☐
Subdermis	☐

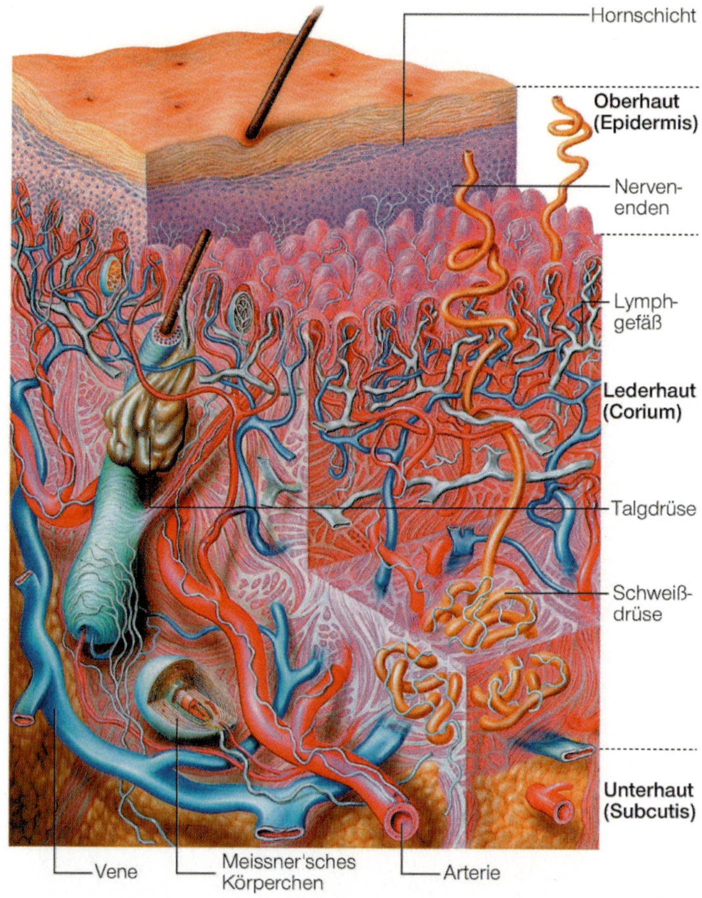

3. Die Haut besteht aus drei **Hautschichten.** In Fachbüchern findet man unterschiedliche Bezeichnungen. Verbinden Sie mit Linien die Bezeichnungen mit den Erklärungen.

	Corium
Oberhaut	
	Epidermis
Lederhaut	Hypodermis
	oberer Teil der Cutis
Unterhautfettgewebe	Subcutis
	unterer Teil der Cutis

4. **„Die Haut ist das Spiegelbild der Seele."**

a) Was sagt diese Weisheit (oder nur Redensart) aus?

____

____

____

____

____

b) Nehmen Sie Stellung: Was halten Sie persönlich davon?

1.1.1 Die Epidermis

1. Beschriften Sie die Abbildung zur **Epidermis**.

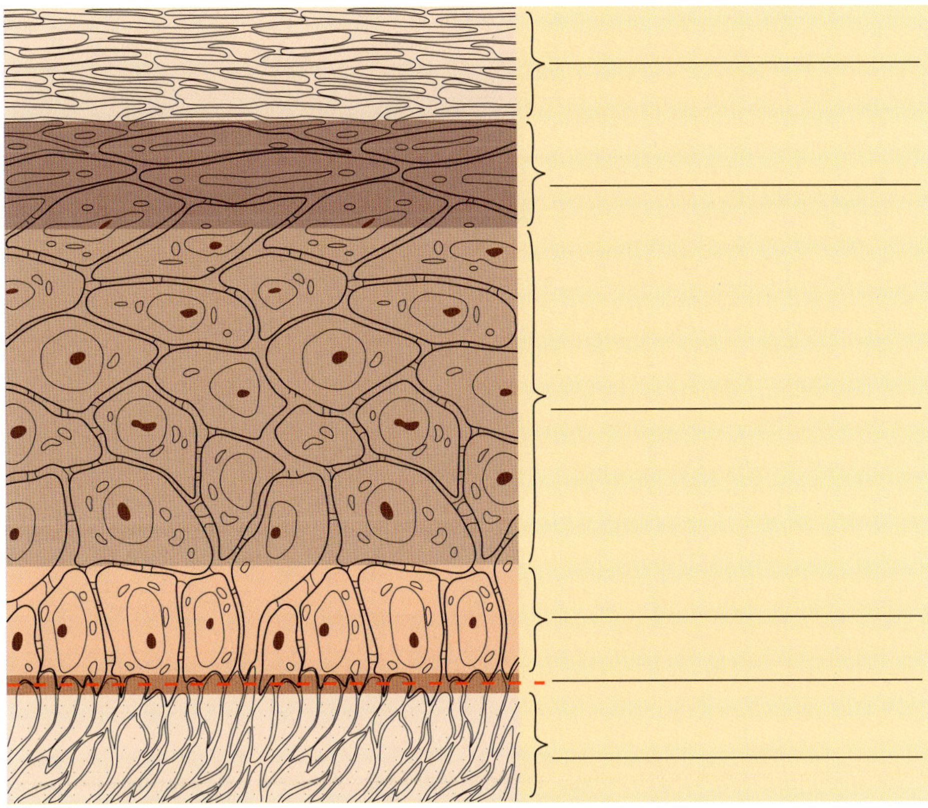

2. Zu wie viel Prozent (%) besteht die **Epidermis** insgesamt aus Keratinozyten und Korneozyten? Kreuzen Sie den richtigen Anteil an:

25 Prozent	
50 Prozent	☐
75 Prozent	☐
90 Prozent	☐
100 Prozent	☐

3. Welche Schichten der Oberhaut (Epidermis) bilden die **Keimzone**?

____

4. Welche Schichten der Oberhaut (Epidermis) bilden die Verhornungszone?

____

5. Wie lange dauert es in etwa, bis sich die **Epidermis** völlig erneuert hat?

____

6. Jede Zellschicht der **Epidermis** hat bestimmte Aufgaben: Nennen Sie die Fachbegriffe der Schichten von innen nach außen und erklären Sie stichwortartig die Merkmale und Prozesse jeder Schicht.

Name der Zellschicht	Fachbegriff	Merkmale und Prozesse in der Zellschicht
Keimschicht 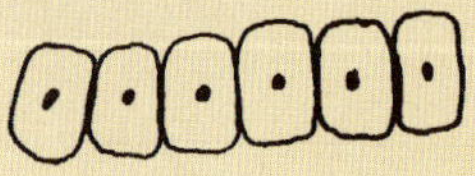		
Stachelzellenschicht 		
Körnerzellenschicht 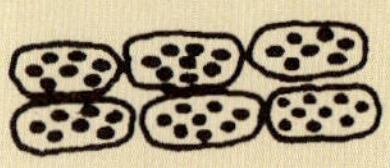		
Hornschicht 		

7. a) In welcher Schicht der Epidermis kommen **Melanozyten** vor?

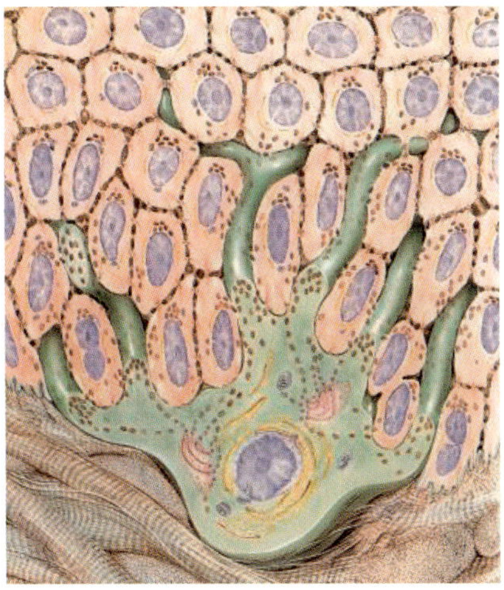

b) Welche Aufgabe haben diese Zellen?

8. Welche Aufgaben haben die freien **Nervenendigungen** in der Epidermis?

9. a) In welcher Schicht der Epidermis kommen **Langerhanszellen** vor?

b) Welche Aufgabe erfüllen Langerhanszellen?

10. Die Epidermis und das Corium sind durch **Papillen** miteinander verbunden. Beschreiben Sie den Aufbau und erklären Sie die Funktion der Papillen.

2

1.1.2 Das Corium

1. Beschriften Sie die Abbildung zur **Lederhaut** (Corium).

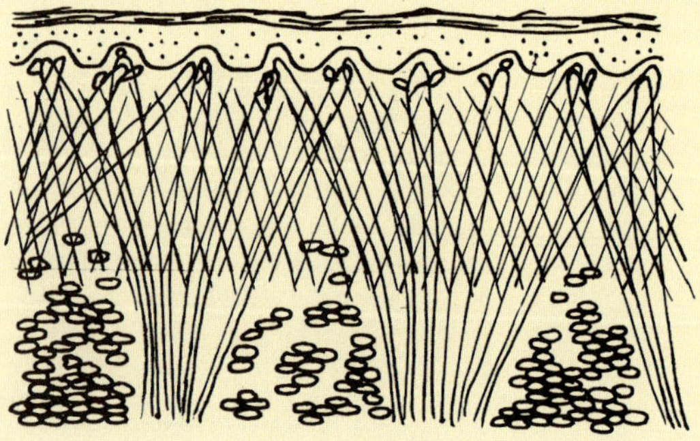

A = ______________________

B = ______________________

2. Woraus besteht das **Bindegewebe** der Lederhaut?

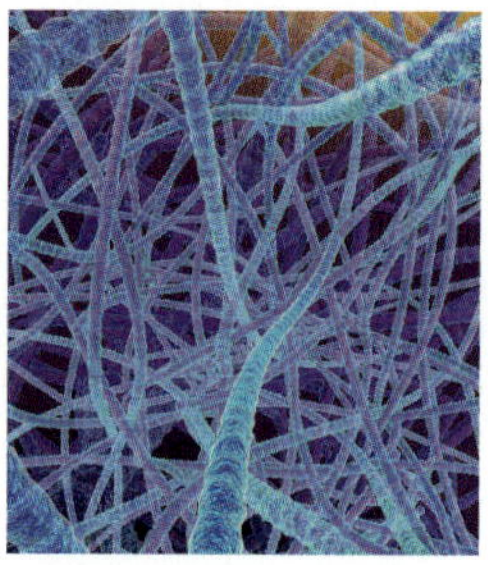

____

____

____

____

3. Wie dick ist die **Lederhaut** in etwa?

____

____

4. Im **Corium** sind verschiedene Zellarten vorhanden, die jeweils bestimmte Funktionen übernehmen. Ergänzen Sie in der Tabelle die Aufgaben dieser Zellen.

Fibroblasten	
Histiozyten	
Mastzellen	
Nervenzellen	

1.1.3 Die Subcutis

1. Beschriften Sie die Abbildung zur **Subcutis**.

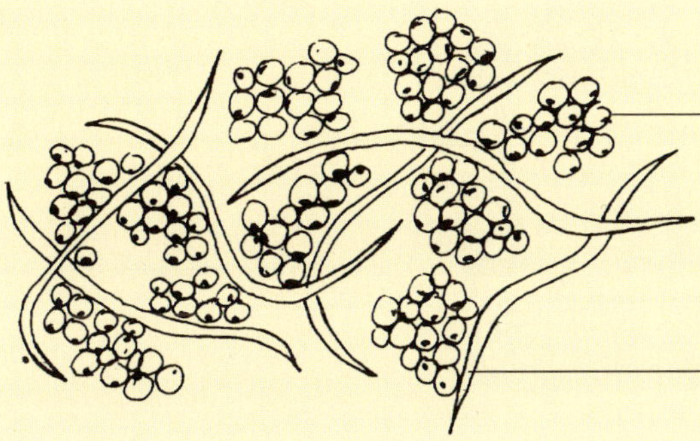

A = ______________________________

B = ______________________________

2. Welche Aufgaben übernimmt die Subcutis?

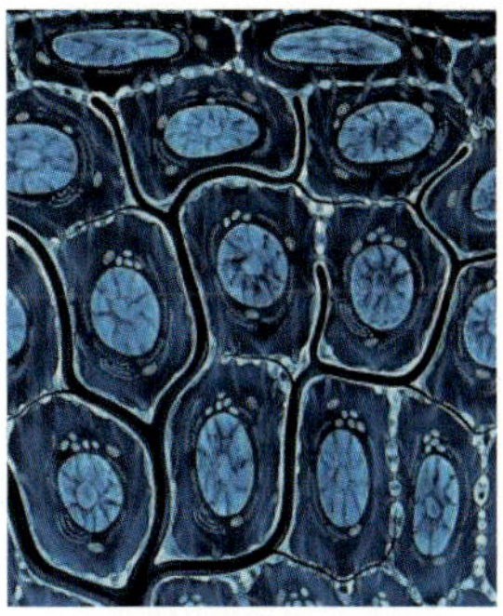

3. Wie dick ist die Subcutis an verschiedenen Körperbereichen?

4. Wovon hängt die Dicke der Subcutis, z. B. am Bauch, ab?

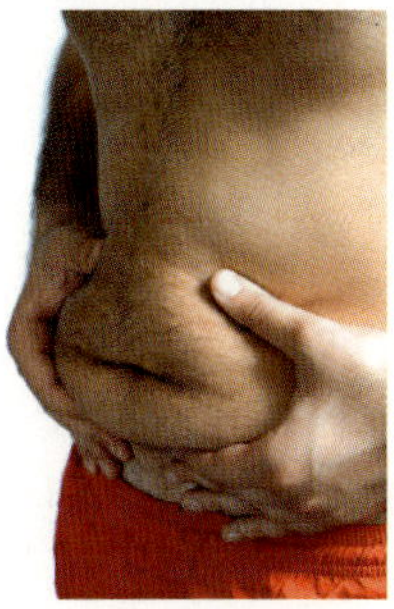

5. Erläutern Sie in Bezug auf die **Subcutis:** Warum muss schon in der Kindheit eine Überernährung vermieden werden?

1.1.4 Die Versorgung der Haut

1. Beschriften Sie die Abbildung zu den **Blutgefäßen der Haut**.
   Tipp: Nutzen Sie auch das Fachlexikon/ Stichwortverzeichnis im Fachbuch!

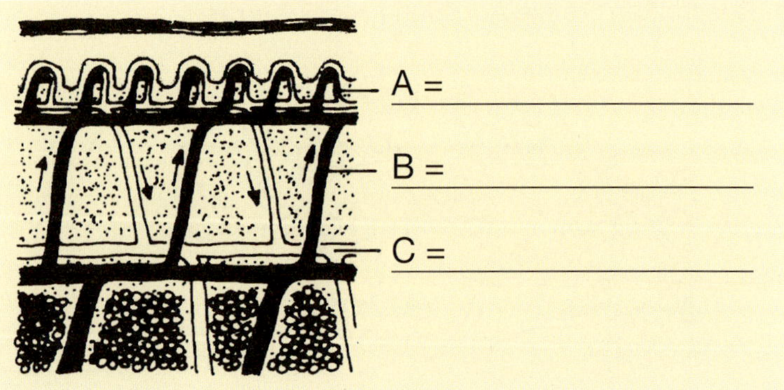

2. Welche Aufgaben hat das **Blut**?

3. Ergänzen Sie in der Tabelle die Aufgaben folgender **Blutbestandteile**:

Blutplasma	
Rote Blutköperchen (Erythrozyten)	
Weiße Blutköperchen (Leukozyten)	
Blutplättchen (Thrombozyten)	

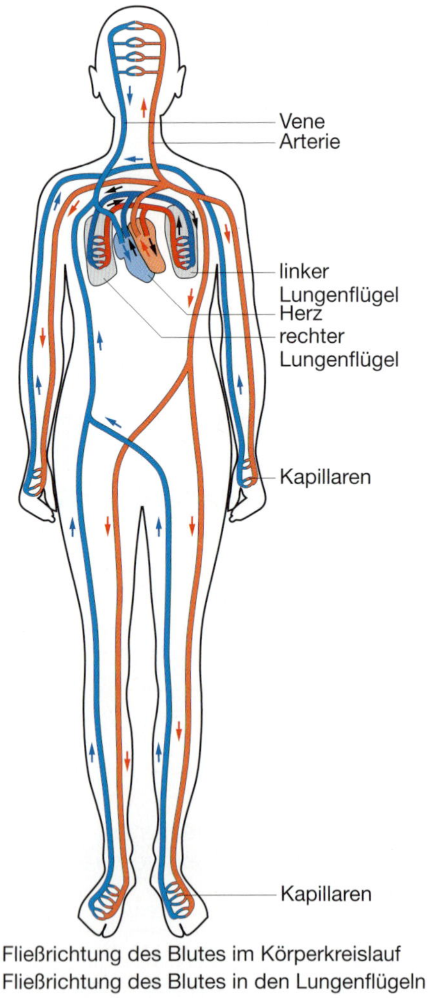

4. Was versteht man unter dem **Blutkreislauf**?

5. Welche kosmetischen Maßnahmen sollen die **Durchblutung der Haut** fördern?

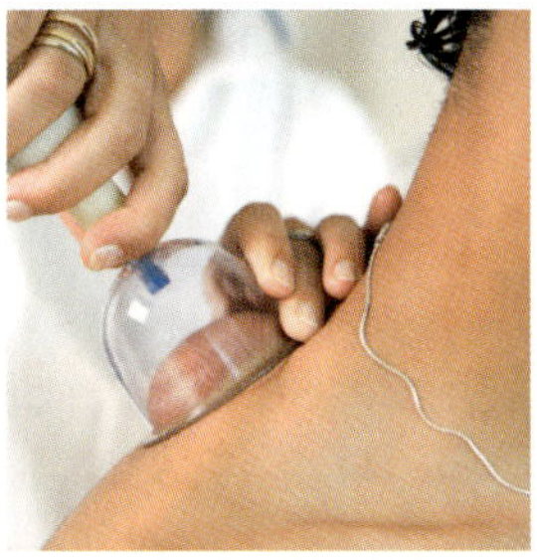

2

6. Was ist der Unterschied zwischen **Arterien**, **Venen** und **Kapillaren**?
Verbinden Sie die Begriffe durch Linien mit den richtigen Erklärungen.

Arterien	bilden die Verbindung zwischen Arterien und Venen und sind für den Stoffaustausch mit den Zellen zuständig.
	führen das Blut vom Herzen weg.
Venen	führen das Blut zum Herzen hin.
Kapillaren	verzweigen sich in immer kleinere Äste bis zu den Kapillaren.
	sind sehr feine Blutgefäße.

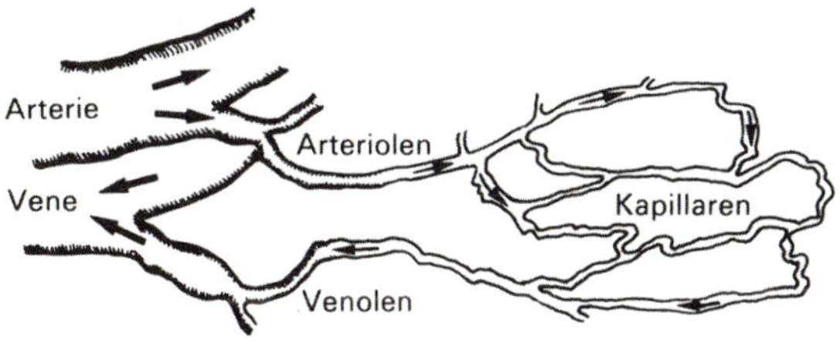

7. Was ist **Lymphe** und welche Aufgaben hat sie?

Erklärung:

Aufgaben:

8. Was ist der Unterschied zwischen dem **Blutkreislauf** und dem **Lymphkreislauf**?

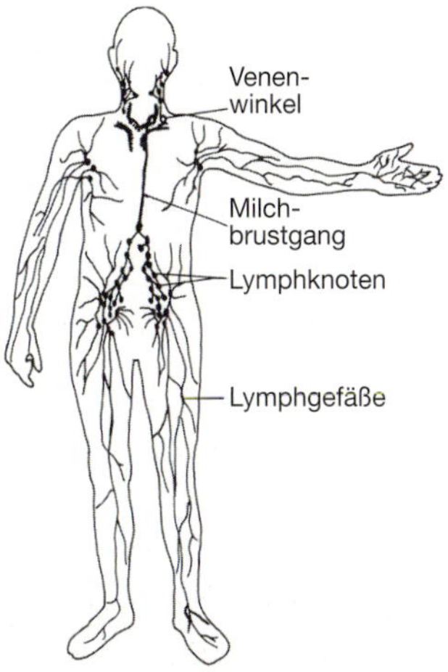

9. Mit welchen kosmetischen Behandlungen soll gezielt der Abfluss der **Lymphe** gefördert werden?

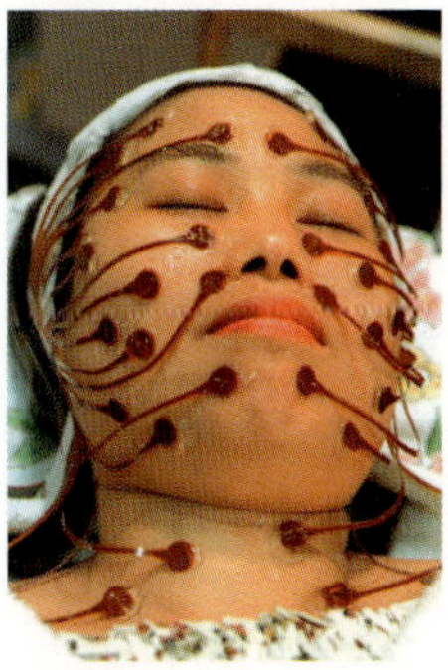

1.2 Aufbau und Funktion der Hautanhangsgebilde

1.2.1 Aufbau, Funktion und Wachstum des Haares

1. a) Beschriften Sie die Abbildung zu den **Hautanhangsgebilden**.

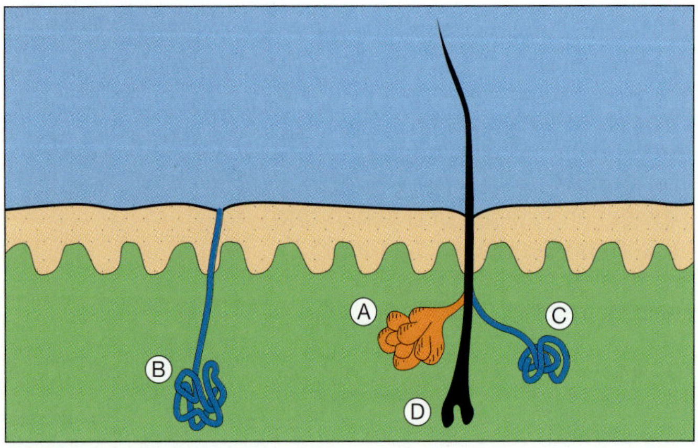

A = ______________________

B = ______________________

C = ______________________

D = ______________________

b) Welches Anhangsgebilde der Haut fehlt in der Abbildung?

____

2. Welche Funktionen haben **Haare** beim Menschen?

____

____

____

3. Das **Haar in der Haut**: Ergänzen Sie im Lückentext folgende 14 Stichwörter:

Augenbrauen	**Haarbelag**	**Haarpapille**	**Haarzwiebel**	**Haaraufrichtemuskel**
Coriums	**Haare**	**Haarwurzel**	**Haut**	**Haarschaft**
Einstülpung	**Haarschaft**	**Haarzellen**	**Keratinozyten**	

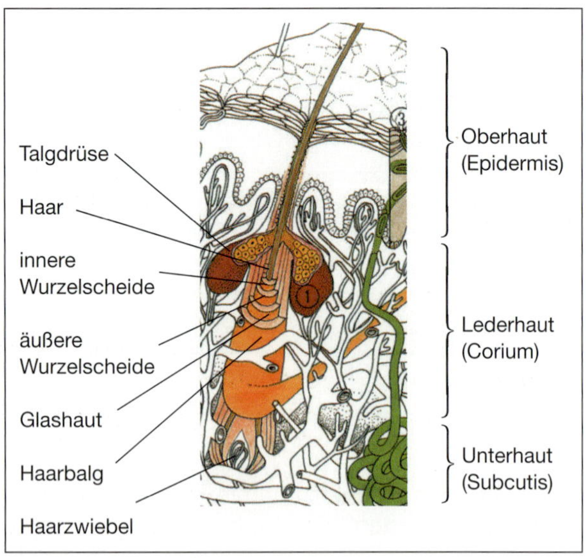

Die ____________ liegen im Haarfollikel. Der Haarfollikel wird auch ______________ genannt: Er ist eine ______________ in die Epidermis und in das Corium. Die Haare selbst setzen sich aus der ______________ und dem ______________ zusammen. Der untere, etwas verdichtete Teil der in der Haut liegenden Haarwurzel ist die ______________. Der Teil des Haares, der außerhalb der ____________ liegt, ist der ______________. Die Haarpapille ist ein Teil des ______________ und für die Produktion der ______________ zuständig. In der ______________ liegen die Blutgefäße, die die ______________ mit Nährstoffen versorgen. Jedes Haar (mit Ausnahme der Wimpern und ______________) ist mit einem Muskel, dem ______________, verbunden.

2

4. Jedes **Haar** hat einen eigenen **Muskel**.
   a) Wie heißt dieser Muskel?

   ____

   ____

   b) In welcher Hautschicht befindet sich der Muskel?

   ____

   ____

   c) Was passiert bei einer „Gänsehaut"?

   ____

   ____

   ____

   ____

5. Benennen Sie die **Schichten des Haares** in der Abbildung.

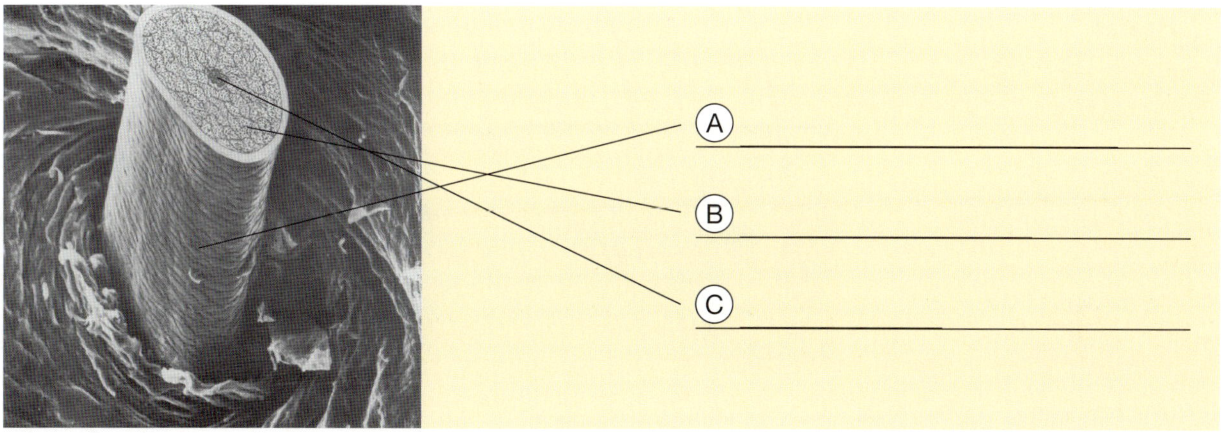

6. Das Haar besteht aus drei **Haarschichten**. Verbinden Sie mit Linien die Namen der Haarschichten mit den Erklärungen.

Cuticula	Sie besteht aus unvollständig verhornten Zellen und vor allem bei asiatischem Haar aus Gasbläschen.
	Das ist die äußerste Schicht des Haares.
	Das ist die innerste Schicht des Haares.
Cortex	Die Keratinozyten sind hier zu Fibrillen (= Bündel aus einzelnen Fasersträngen) angeordnet.
	Das ist der Faserstamm des Haares.
	Das ist die Hornschicht des Haares.
	Das ist die Marksubstanz des Haares.
Medulla	Verhornte Zellen liegen hier dachziegelartig um das Haar herum.

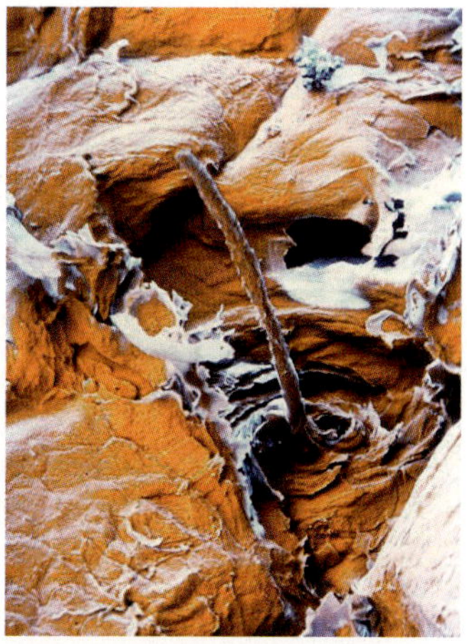

2

7. Man unterscheidet drei **Haararten**. Ergänzen Sie in der Tabelle: Wo und in welchem Lebensalter kommen diese Haararten vor?

Haarart	Körperregion und Lebensalter, in der diese Haarart vorkommt
Lanugohaar (Flaum-Haar)	
Vellushaar (Woll-Haar)	
Terminalhaar	

8. Wie wächst das Haar? Ergänzen Sie in der Abbildung die Namen der einzelnen **Wachstumsphasen des Haares**.

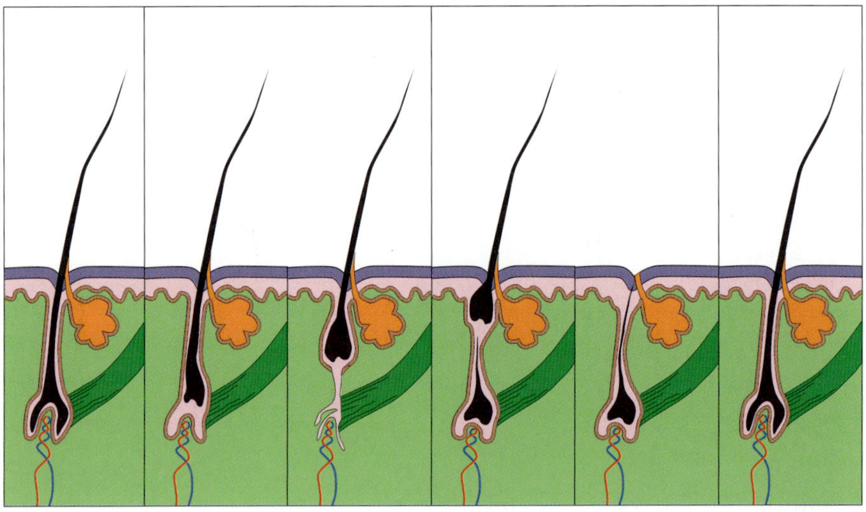

9. Was passiert in der Telogenphase des **Haarwachstums**?

10. Kreuzen Sie die richtige Antwort an: Wie lange kann ein einzelnes **Kopfhaar** durchschnittlich wachsen?

Jedes einzelne Kopfhaar wächst vom ersten bis zum letzten Lebensjahr, also so lange, bis der Mensch stirbt.	☐
Es wächst jeweils zwölf Monate, weil es im Frühjahr ausfällt.	☐
Es wächst durchschnittlich zwei bis zwanzig Jahre.	☐
Es wächst durchschnittlich zwei bis sechs Jahre.	☐
In den Wechseljahren findet der Ausfall des Haares statt.	☐

11. Viele Kunden klagen über **Haarausfall**. Wie viel Haarverlust pro Tag gilt als normal?

1.2.2 Ein eigenes Hautmodell gestalten

Ein eigenes Hautmodell gestalten: So geht's step by step:

2

1. Salzteig-Knete herstellen:

Man mischt in einem Gefäß:
- 450 Gramm Mehl
- 250 Gramm Salz
- 20 Gramm Alaun

Alaun ist ein Salz, das die Knete weich hält. Sie bekommen Alaun in der Apotheke. 20 Gramm kosten etwa 40 Cent.

Dann verrührt man in einem anderen Gefäß:
- etwa 0,4 Liter Wasser
- 4 Esslöffel Öl

Außerdem können Sie ein paar Tropfen Speisefarbe hinzugeben, zum Beispiel etwas Gelb und Rot für eine „rosige Hautfarbe" Ihres Hautmodells.
Anschließend wird alles zusammengemischt und gut geknetet.
Der Teig muss sich anfühlen wie Knete, ansonsten geben Sie noch etwas Wasser oder Mehl hinzu.

2. Hautmodell modellieren:

- Etwa zwei Drittel der Knete zum Beispiel mit einer Flasche etwa 1 Zentimeter dick ausrollen und die Kanten gerade abschneiden
- Aus dem Rest können ein Haar oder Fettzellen hergestellt werden
- Mit Hilfsmitteln (Löffel, Messer, Gabel, Nagel ...) Strukturen (Steifen, Vertiefungen ...) in der Fläche schaffen

3. Modell gut trocknen lassen:
- Etwa ein bis zwei Stunden im Backofen bei etwa 50 °C
- Oder ein paar Tage zum Trocknen auf eine warme Fensterbank legen

Tipps: *1. Wenn Sie das Modell später aufhängen wollen: An den beiden oberen Ecken (z. B. mit einem dicken Nagel) Löcher stanzen oder auf der Rückseite eine kleine Grube ausheben.*
2. Legen Sie das Hautmodell dafür auf ein Rost oder auf kleine Steinchen, damit es auch von unten gut trocknet.

4. Modell mit Wasser- oder Abtönfarben farbig gestalten

5. Modell nach dem Trocknen mit Klarlack übersprühen.
Dadurch wird das Modell nicht wieder weich und ist lange haltbar.

2

1.2.3 Aufbau, Funktion und Wachstum der Nägel

1. Welche Aufgaben übernehmen die **Fingernägel**?

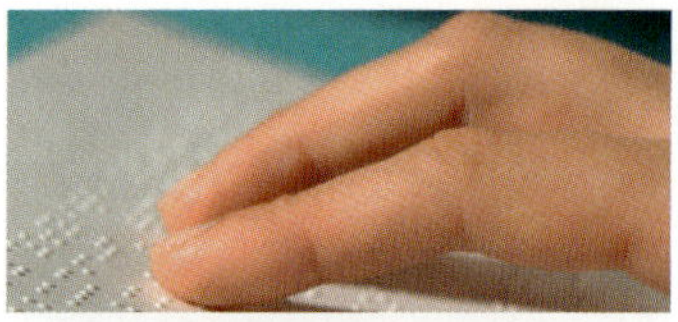

2. Beschriften Sie die Abbildung zum **Aufbau des Fingernagels**:

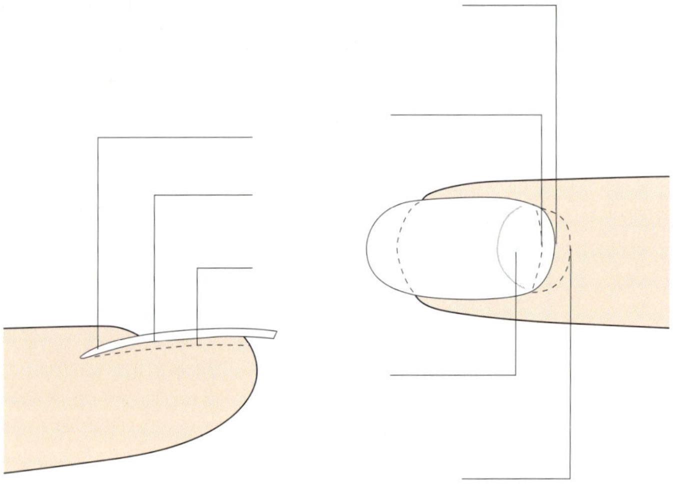

3. a) Welche Aufgabe hat die **Nagelhaut**?

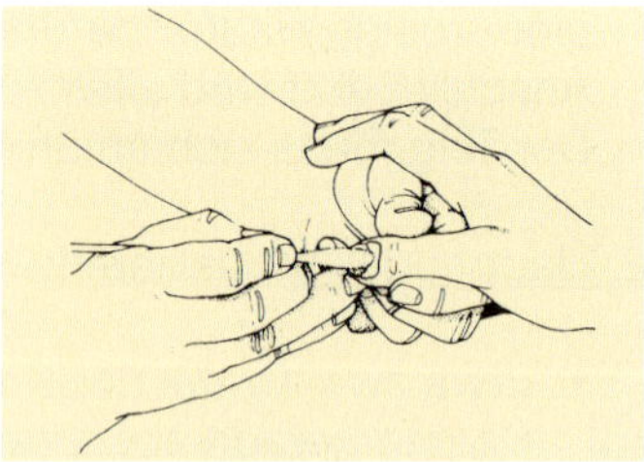

b) Erläutern Sie: Warum ist das Entfernen der Nagelhaut bei der **Maniküre** sehr umstritten?

4. Aufbau und das Wachstum des Nagels: Ergänzen Sie im Lückentext folgende 15 Stichwörter:

fester	**verhornt**	**Nagelwall**
Nagel	**Nagelplatte**	**Keratinozyten**
Nagelbett	**Nagelwurzel**	**Nagelmond**
Nagelfalz	**Nagelrand**	**Zehen**
Nagelwachstum	**Zellen**	**Zellteilung**

Der __________ ist eine leicht gewölbte Hornplatte. Er bedeckt die Enden der Finger und __________. Der sichtbare Teil des Nagels ist die fast durchscheinende __________________. Sie besteht aus verhornten ____________________. Diese Zellen sind sehr viel stärker ______________, als die Keratinozyten der Haut und der Haare. Dadurch ist der Nagel viel __________. Die vordere Begrenzung der Nagelplatte ist der ________________. Seitlich und hinten wird der Nagel durch den ________________ begrenzt. Der leicht gewölbte Bereich um den Nagelfalz herum ist der ________________. Auf ihrer Unterseite ist die Nagelplatte fest mit dem ________________ verwachsen. Das Nagelbett ist sehr empfindlich, weil es reichlich mit Blutgefäßen und Nervenendigungen durchzogen ist. Die __________________ liegt unter der Haut. Ein kleiner Abschnitt der Nagelwurzel ist als weißer, halbkreisförmiger Abschnitt unter der Nagelplatte sichtbar: Dieser Abschnitt heißt _______ ________________ (auch: Lunula). Er ist zum Teil von Nagelhaut bedeckt. In der Nagelmatrix wird durch __________________ neue Nagelsubstanz gebildet. Die neu gebildeten ______________ (Keratinozyten) schieben die bereits verhornten Keratinozyten nach vorne in Richtung Nagelplatte, wodurch das ________________________ ermöglicht wird.

5. Kreuzen Sie die richtigen Aussagen zum **Nagelwachstum** an.

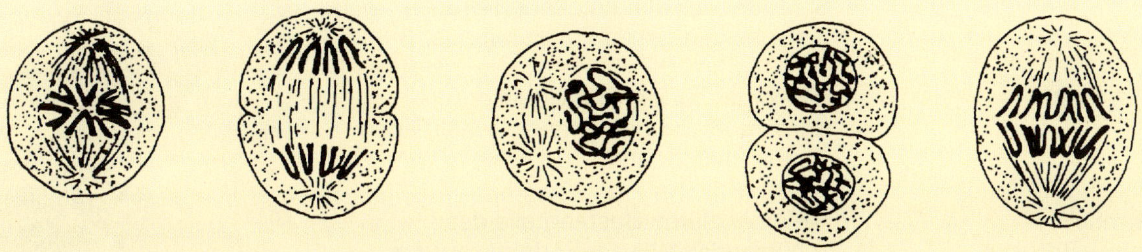

Nagelwachstum durch Zellteilung

Im Verlauf des Lebens erhöht sich das Wachstum der Nägel.	☐
Die Wachstumsgeschwindigkeit der Nägel ist individuell verschieden und kann sogar zwischen den einzelnen Nägeln eines Menschen unterschiedlich sein.	☐
Zehennägel wachsen etwa halb so schnell wie Fingernägel.	☐
Die Nagelform sorgt für das Dickenwachstum.	☐
Die Nagelhaut sorgt für das Längenwachstum.	☐
Die Wachstumsgeschwindigkeit von Nägeln liegt bei etwa 0,5 bis 1,2 Millimeter pro Woche.	☐
Es dauert durchschnittlich etwa ein Jahr, bis sich ein Fingernagel vollständig erneuert hat.	☐
Nägel wachsen aufgrund der Zellteilung in der Nagelmatrix, die unterhalb der Nagelwurzel liegt	☐

1.2.4 Aufbau und Funktion der Drüsen der Haut

1.2.4.1 Die Hautdrüsen im Überblick

2

1. Beschriften Sie die Abbildung zu den **Drüsen der Haut**.

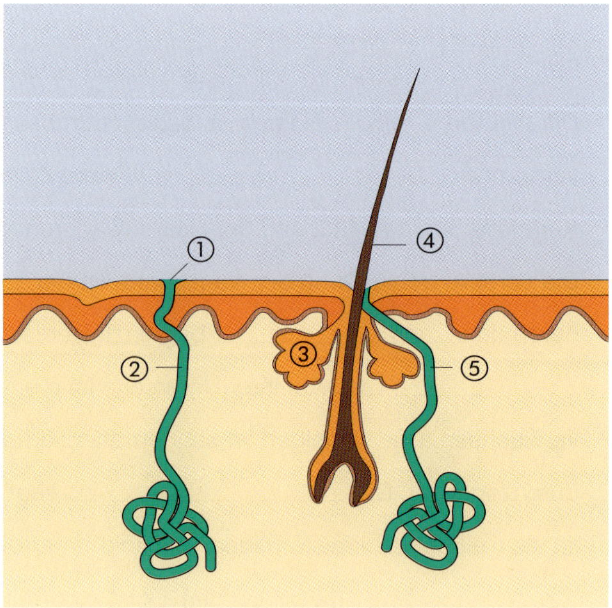

2. Verbinden Sie mit Linien die **Drüsen der Haut** mit den Erklärungen.

Apokrine Schweißdrüsen	Sie scheiden bei der Sekretion auch einen Teil ihrer Zellen aus.
	Sie zählen zu den holokrinen Drüsen: Sie scheiden ganze Zellen mit aus.
	Sie sorgen für den individuellen Körpergeruch und werden deshalb auch Duftdrüsen genannt.
Ekkrine Schweißdrüsen	Sie produzieren Bestandteile des schützenden Wasser-Fettfilms auf der Hautoberfläche.
	Ihr Ausgang ist als Pore mit dem bloßen Auge an der Hautoberfläche erkennbar.
Talgdrüsen	Sie scheiden Stoffe aus und verändern sich dabei selbst nur wenig.

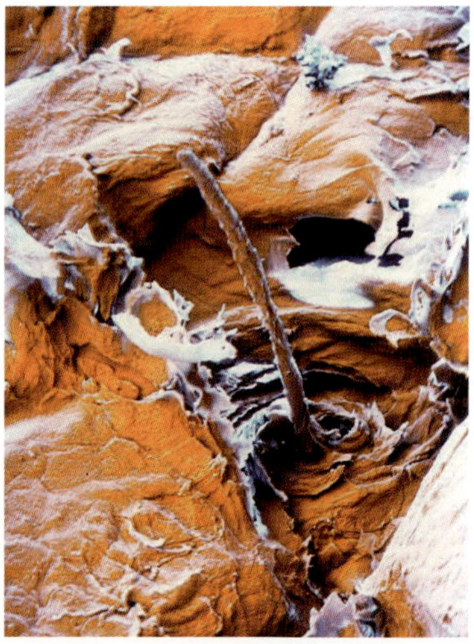

3. Welche mikroskopische Aufnahme ist hier abgebildet?

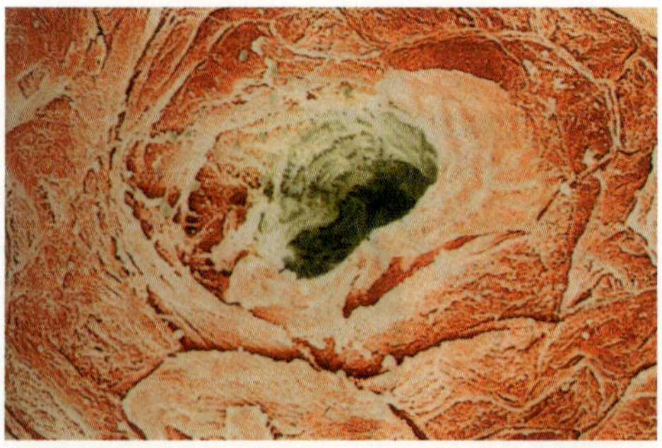

1.2.4.2 Schweißdrüsen

1. Jeder Mensch riecht anders. Welche **Drüse** ist dafür verantwortlich?
   Kreuzen Sie die zwei richtigen Antworten an.

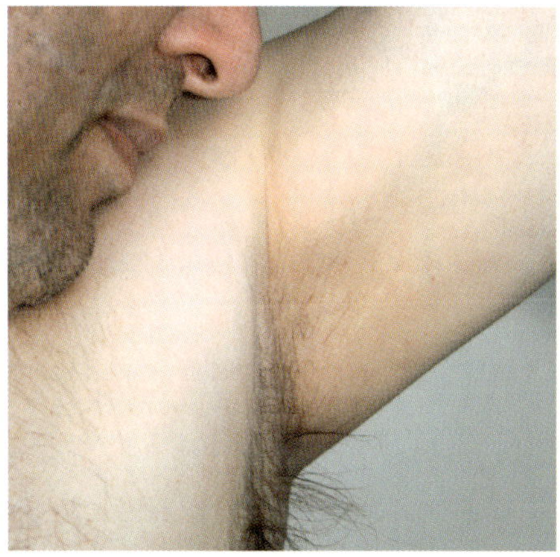

apokrine Schweißdrüse	☐
Duftdrüse	☐
ekkrine Schweißdrüse	☐
Schilddrüse	☐
Lymphdrüse	☐

2. Kreuzen Sie die richtigen Aussagen zu den Aufgaben der **Schweißdrüsen** an:

Die Schweißdrüsen haben die Aufgabe, die Haut und das Haar zu fetten.	☐
Eine Überfunktion der Schweißdrüsen nennt man Sebostase.	☐
Die Schweißdrüsen sorgen für den Temperaturausgleich des Körpers.	☐
Ab den Wechseljahren kommt es aufgrund der Funktion der ekkrinen Schweißdrüsen zum typischen Körpergeruch.	☐
Ab der Pubertät kommt es aufgrund der Funktion der apokrinen Schweißdrüsen zum typischen Körpergeruch.	☐

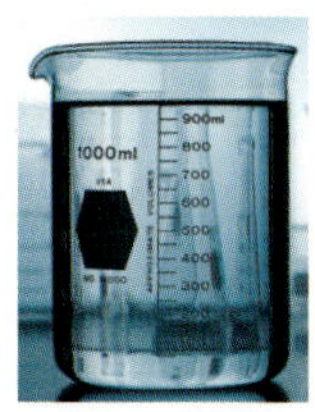

3. Wie viel Liter **Schweiß** scheidet ein erwachsener Mensch unter normalen Bedingungen täglich aus?

   ____

4. Wenn ein Mensch am Tag 0,75 Liter Schweiß ausscheidet: Wie viel **Schweiß** ist das in einer Woche in Litern?

   ____

   ____

   ____

5. Welche Bestandteile sind im ekkrinen **Schweiß** enthalten?

   ____

   ____

   ____

6. In welchen Körperregionen sind besonders viele **ekkrine Schweißdrüsen** vorhanden?

   ____

   ____

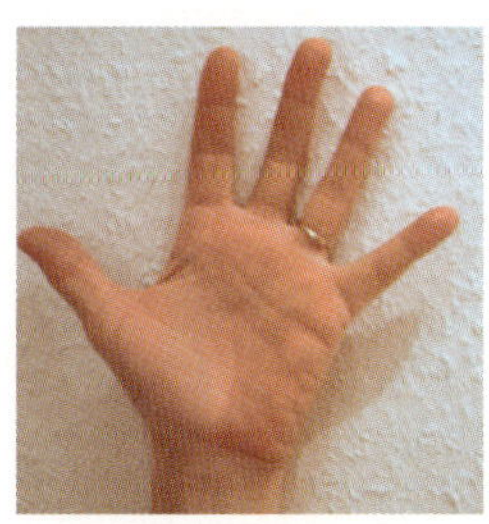

7. In welchen Körperregionen sind besonders viele **apokrine Schweißdrüsen** vorhanden?

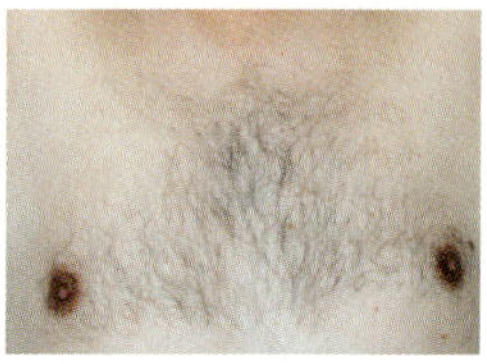

8. Kreuzen Sie den richtigen Grund an: Warum riechen Kinder nicht nach abstoßendem **Schweiß**?

Kinder werden jeden Tag in der Badewanne gebadet.	☐
In der Kindheit haben die apokrinen Schweißdrüsen, deren Schweiß zum typischen Körpergeruch führt, ihre Funktion noch nicht aufgenommen.	☐
Kinder haben noch keine apokrinen und ekkrinen Schweißdrüsen.	☐
Erwachsene können den unangenehmen Schweißgeruch von Kindern nicht riechen.	☐
Die apokrinen Schweißdrüsen werden erst ab dem 18. Lebensjahr von der Haut gebildet.	☐

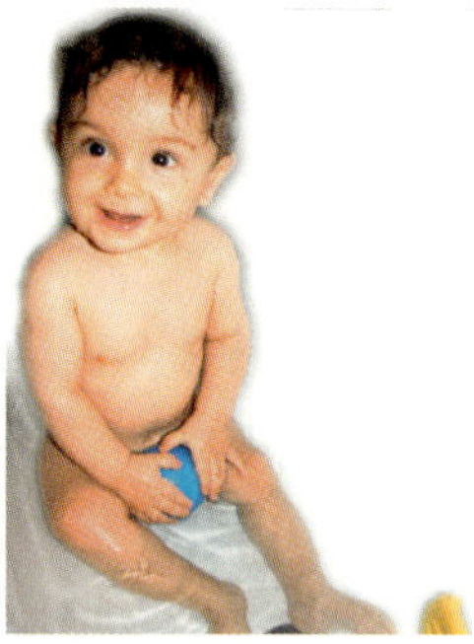

9. Welche Maßnahmen müssen Sie als Kosmetikerin umsetzen, um auf gar keinen Fall abstoßend nach **Schweiß** oder anderen unangenehmen Gerüchen zu riechen?

10. a) Erklären Sie, wie es zu den sogenannten „Käsefüßen" kommt.

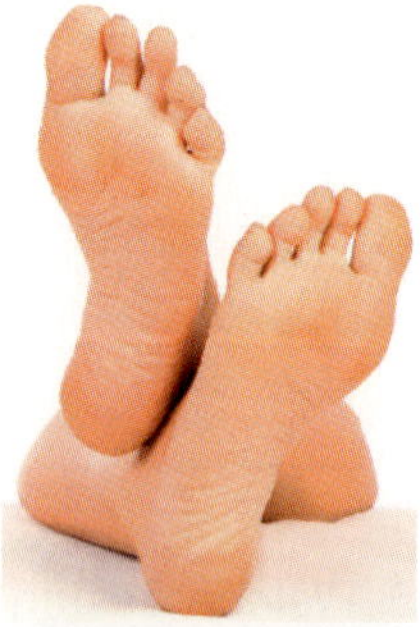

b) Was können Sie einer Kundin raten, die unter „Käsefüßen" leidet?

1.2.4.3 Talgdrüsen

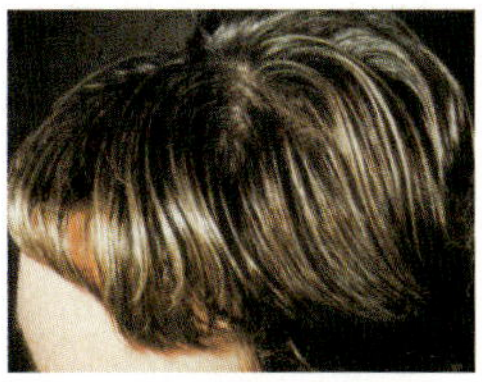

1. Kosmetikerinnen stellen im Kosmetikinstitut recht häufig Funktionsstörungen der Talgdrüsen fest.
   a) Wie heißt der richtige Ausdruck für eine **Talgdrüsenüberfunktion** und woran können Sie diese feststellen?

   ____

   ____

   ____

   ____

   b) Wie heißt der richtige Ausdruck für eine **Talgdrüsenunterfunktion** und woran können Sie diese feststellen?

   ____

   ____

2. Kreuzen Sie die richtigen Aussagen zu den **Funktionen der Talgdrüsen** an:

Eine Unterfunktion der Talgdrüsen nennt man Seborrhö.	☐
Die Zellen der Talgdrüsen werden zu Sekret und gehen bei der Bildung des Talgs zugrunde.	☐
Täglich werden durchschnittlich etwa ein Gramm Talg am Kopf, sowie ein Gramm Talg an den anderen Körperregionen von den Talgdrüsen ausgeschieden.	☐
Die Gesamtmenge des Talgs, der täglich von den Talgdrüsen ausgeschieden wird, beträgt durchschnittlich etwa 50 Gramm am gesamten Körper.	☐
Eine Unterfunktion der Talgdrüsen nennt man Sebostase.	☐

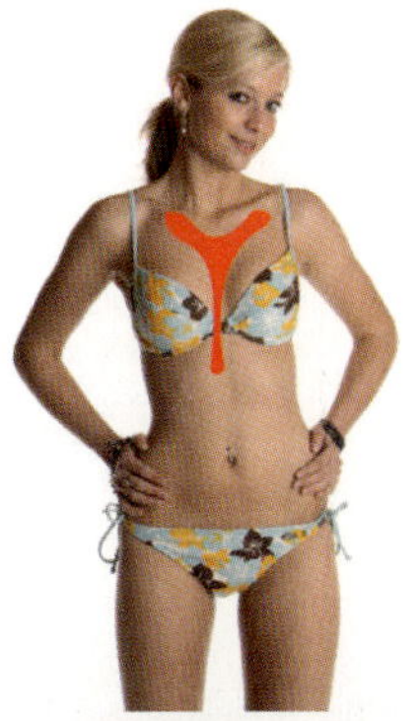

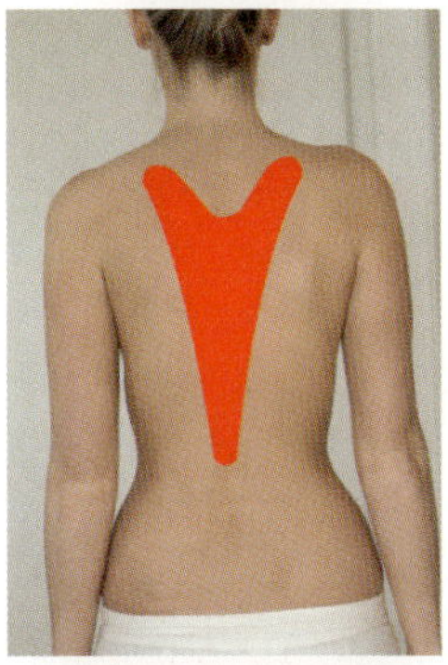

3. Welche Körperregionen zählen zu den **seborröischen Bereichen**?

____

____

____

____

4. Woraus besteht der **Talg** und welche Aufgaben hat er?

____

____

____

____

2

1.2.5 Schutzfunktionen der Haut

1. Die Haut übt eine Reihe von **Schutzfunktionen** aus. Erklären Sie den Unterschied zwischen dem passiven und aktiven Hautschutz und nennen Sie jeweils ein Beispiel.

   Die passive Schutzfunktion ______________________________

   ____

   Beim aktiven Hautschutz ______________________________

   ____

2. Welche Funktionen übt die **Hornschichtbarriere** der Haut in Bezug auf folgende Einflüsse aus?

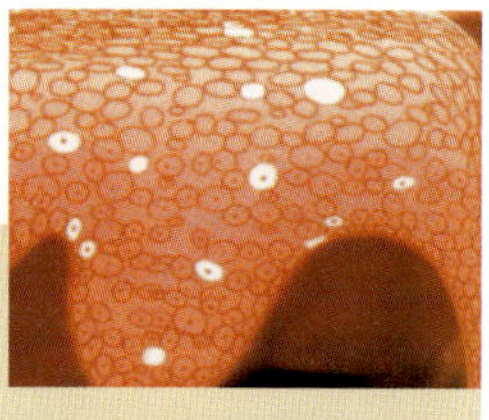

Chemikalien	
Bakterien, Viren, Pilze und andere Mikroorganismen	
UV-Strahlung der Sonne	
Mechanische Einflüsse wie länger andauernde Reibung	

3. Die **Hornschichtbarriere** hat außerdem die Funktion des „Wasserrückhalts": Was ist damit gemeint?

   ____

   ____

4. Talg und Schweiß bilden zusammen einen **Wasser-Fett-Film** auf der Hautoberfläche.

   a) Wie wird dieser Oberflächenfilm auch genannt?

   ____

   b) Erläutern Sie im Detail: Woraus besteht der Wasser-Fett-Film?

   ____

5. Die Haut schützt sich auch durch **Pigmentierung** vor UV-Strahlen.
   a) Beschriften Sie die Abbildung.

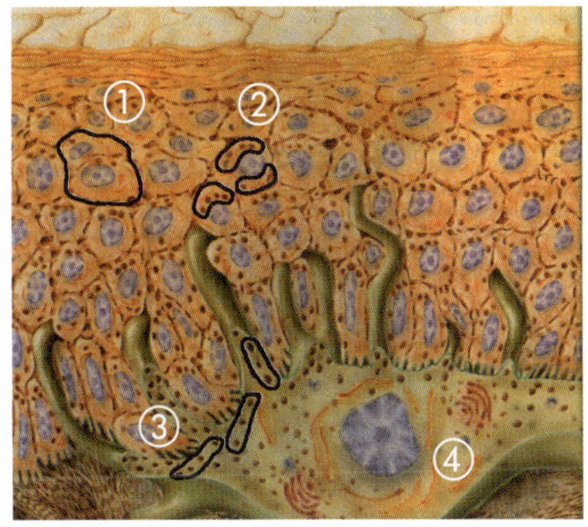

1 ______________________________

2 ______________________________

3 ______________________________

4 ______________________________

   b) Was ist der Unterschied zwischen der **Sofortpigmentierung** und der **Spätpigmentierung**?

6. **Temperaturregulation**:
   a) Wie merkt die Haut (und der Körper), ob die Umwelt kalt oder warm ist?

   b) Wie reagiert die Haut bei **Wärme**?

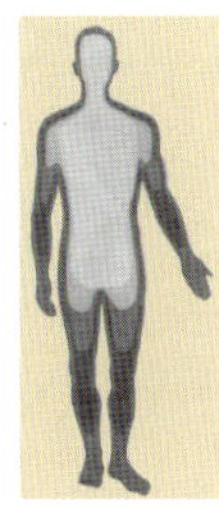

   c) Wie reagiert die Haut bei **Kälte**?

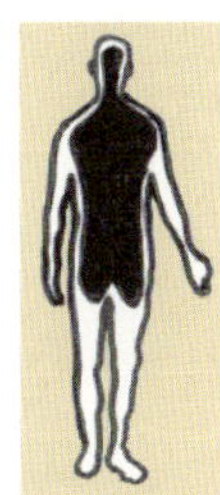

7. Wie schützt sich die Haut vor mechanischen Reizen wie **Zug und Stoß**? Die mechanischen Schutzfunktionen werden vor allem gewährleistet durch:

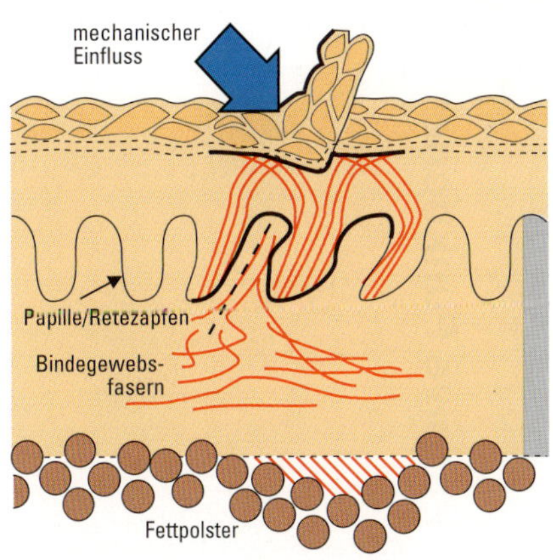

8. Die **Schutzfunktionen der Haut im Überblick:** Beschriften Sie die Abbildung.

Passive Funktionen der Haut:

① ② ③ ④

Aktive Funktionen der Haut:

① ② ③ ④ ⑤

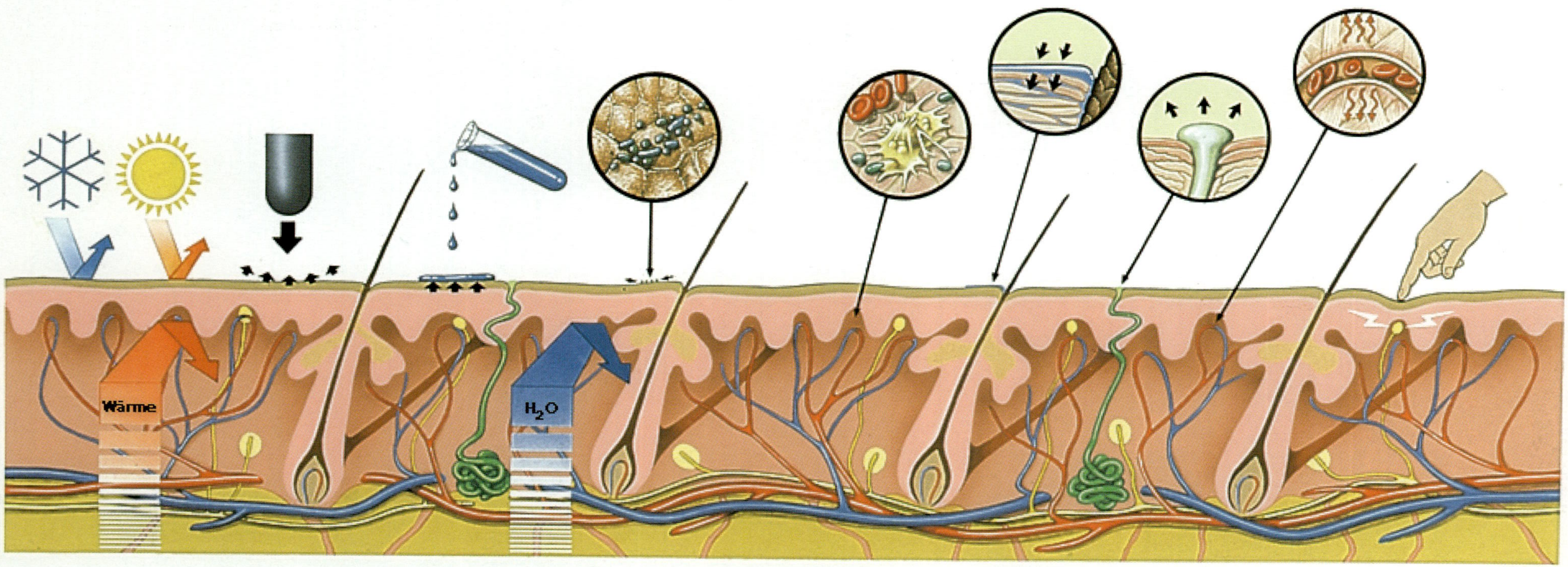

© Eucerin®

1.2.6 Stoffwechselfunktionen der Haut

1. Die Haut übernimmt verschiedene Stoffwechselfunktionen. Diese Funktionen werden unterschieden nach der:

- **Stoffausscheidung** (-abgabe): Man nennt sie auch ____________________,
- **Stoffaufnahme**: Man nennt sie auch ____________________,
- ____________________.

2. Welche Stoffe werden zu welchem Anteil über die Haut ausgeschieden?

3. Beschriften Sie die Abbildung zur **Stoffaufnahme** durch die Haut.

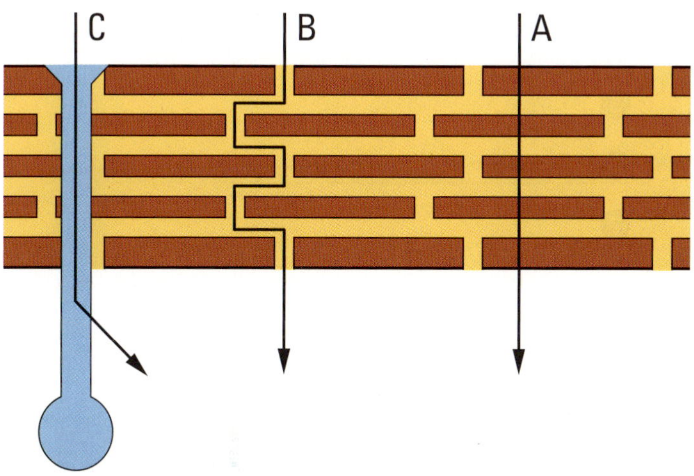

A ____________________

B ____________________

C ____________________

4. Wodurch übt die Haut die Funktion der **Stoffspeicherung** aus?

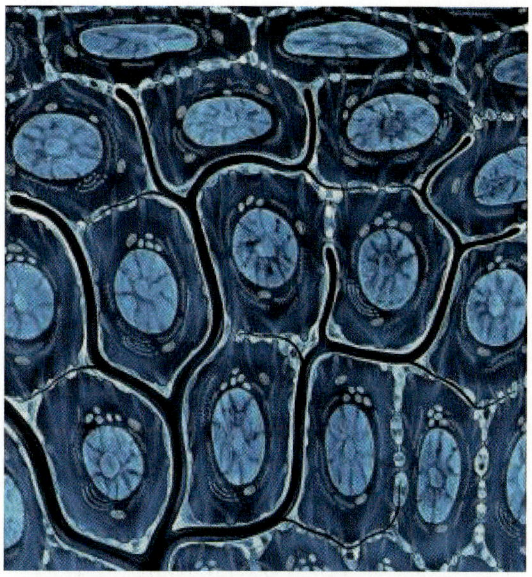

2

1.2.7 Immunsystem der Haut

1. Begründen Sie: Kosmetische Behandlungen können das **Immunsystem** unterstützen und stärken.

____

____

____

____

____

____

2. Das Immunsystem ist über den gesamten Körper verteilt. Beschriften Sie die Abbildung.

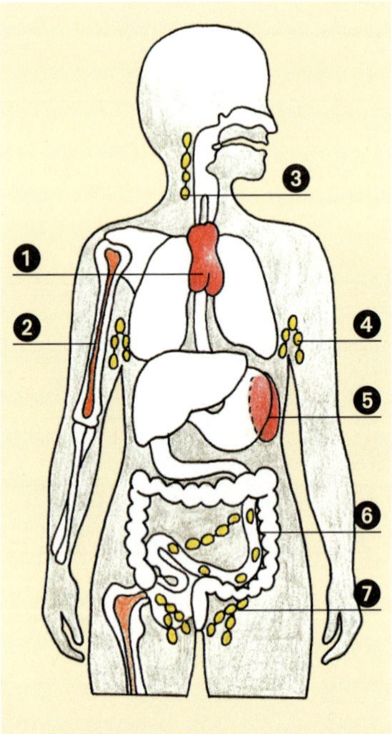

1 ______________________

2 ______________________

3 ______________________

4 ______________________

5 ______________________

6 ______________________

7 ______________________

3. Bei **Allergien** handelt es sich um eine erworbene Änderung der Reaktionsbereitschaft des **Immunsystems**. Ordnen Sie die Erklärungen den Abbildungen richtig zu, indem Sie die Erklärungen und die Abbildungen mit Linien verbinden.

Quaddelbildung als typische Hautreaktion z. B. auf Blütenpollen.

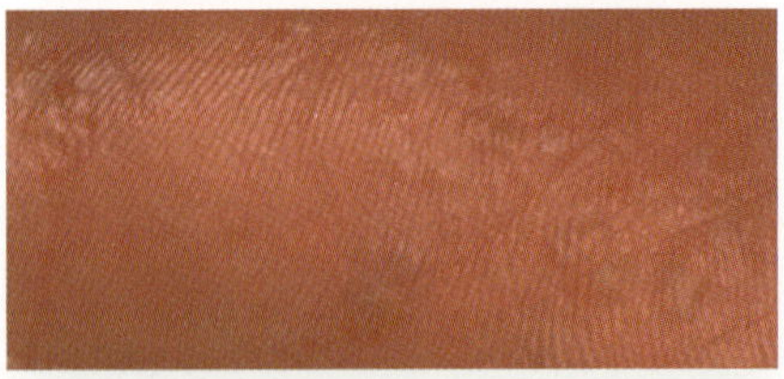

Allergisches Kontaktekzem, z. B. bei Kontakt mit Nickel aus Modeschmuck oder Scheren.

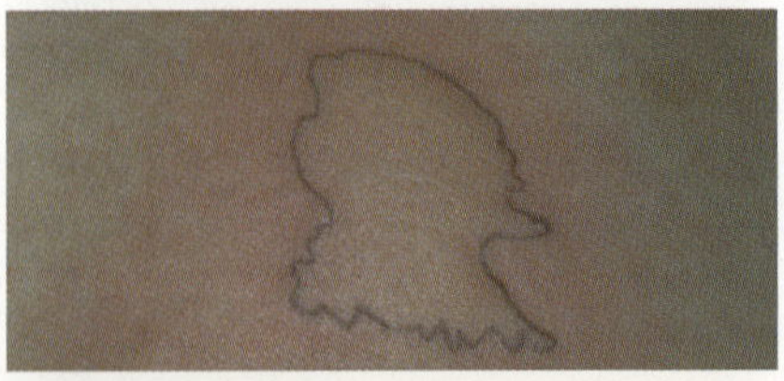

Atopisches Ekzem, das eine erhöhte Bereitschaft signalisiert, gegen bestimmte Allergene (= allergieauslösende Stoffe) sensibilisiert zu werden.

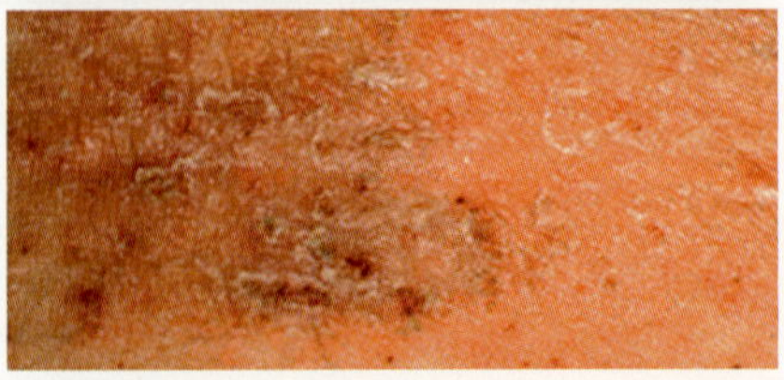

1.2.8 Hormonsystem und Haut

1. Welche Aufgaben haben **Hormone** im menschlichen Organismus?

______

______

______

______

2. Wenn der **Hormonhaushalt** nicht stimmt: Welche Wirkung hat das auf die Haut? Ergänzen Sie die Lücken in der Tabelle.

Änderungen im Hormonhaushalt (Beispiele)	Wirkung auf die Haut (Beispiele)
Überschuss an männlichen Geschlechtshormonen	______ ______
______ ______	Vermehrte Wassereinlagerung, vermehrte Neigung zu Pilzinfektionen
Überschuss an Hormonen der Schilddrüse	______ ______
______	Gewichtszunahme, vermehrtes Schwitzen, die Haut ist warm, weich und gerötet
Mangel an Insulin	______ ______ ______
Absinken weiblicher Geschlechtshormone im Verlauf des Altersprozesses	______
Mangel an Wachstumshormonen	______

3. Erläutern Sie: Wie kann die Einnahme der **Anti-Baby-Pille** den Hautzustand beeinflussen?

______

______

______

______

______

______

______

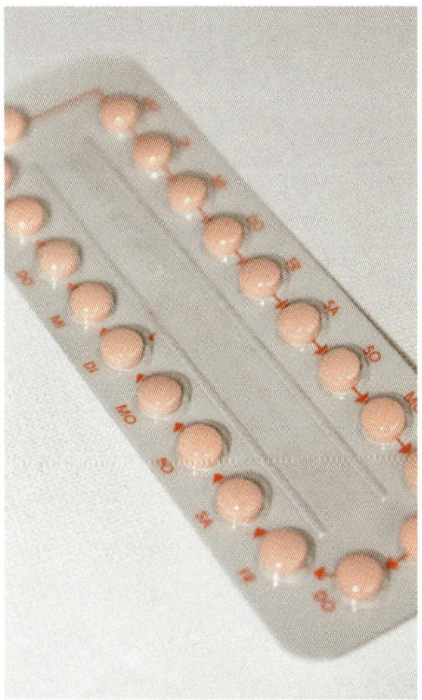

2

1.2.9 Die Haut als Sinnes- und Kontaktorgan

1. Welche **Sinneseindrücke und Reize** können über die Haut wahrgenommen werden? Nennen Sie Beispiele.

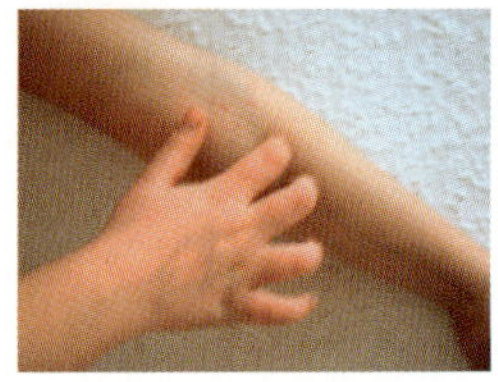

2. Welche **Rezeptoren** sind in der Haut für das Wahrnehmen von Sinneseindrücken und Reizen vorhanden? Beschriften Sie die Abbildungen.

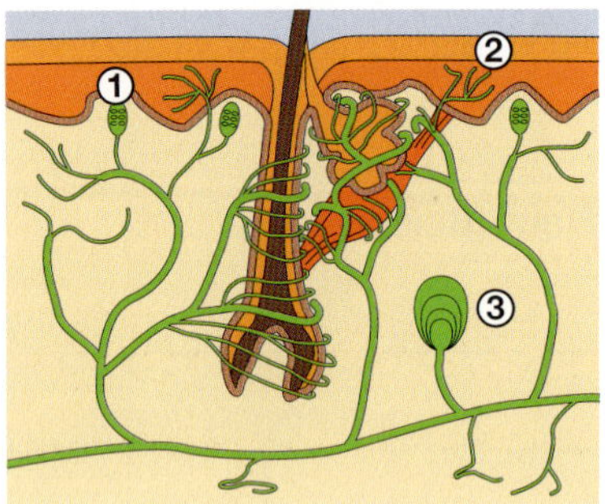

① ______________________

② ______________________

③ ______________________

④ ______________________

⑤ ______________________

⑥ ______________________

3. Welche **Rezeptoren** nehmen welche Sinneseindrücke und Reize wahr? Verbinden Sie mit Linien.

	Sie sind für den oberflächlichen Feinsinn verantwortlich.
Kälte- und Wärmerezeptoren und andere Nervenendkörperchen	Sie ermöglichen Empfindungen von Wärme-, Kälte- und Schmerzreizen.
Meißnersche Tastkörperchen	Sie sind besonders viel an den Fingerspitzen vorhanden, und ermöglichen so das „Fingerspitzengefühl“.
Vater-Pacini-Körperchen	Sie ermöglichen die Tiefensensibilität.

4. Begründen Sie: Bei der Begrüßung muss die Kosmetikerin der Kundin immer die **Hand** geben und dadurch einen direkten Hautkontakt herstellen.

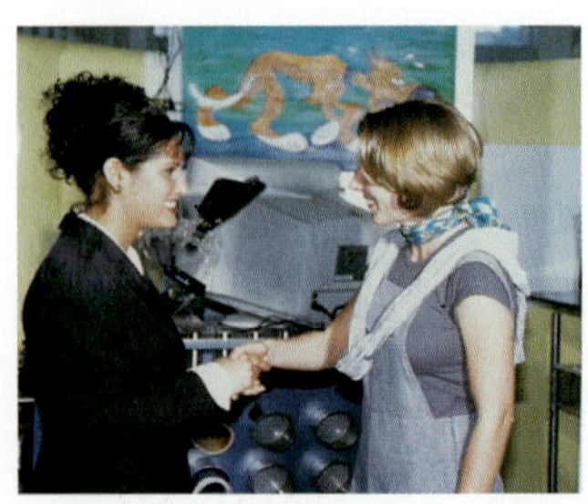

2 Beurteilung der gesunden Haut

2.1 Die Hautdiagnose

1. **Hauttyp und Hautzustand:** Ergänzen Sie die Lücken mit folgenden Begriffen:

Hautzustand	**Hauttyp**	**Hautzustand**
Hautzustand	**Hauttyp**	**Porengröße**
Kundenkartei	**Hautzustand**	**Hauttyp**

Sämtliche Ergebnisse der Hautdiagnose werden in einer ____________________ festgehalten. Bei jedem weiteren Besuch der Kundin wird der aktuelle ____________________ dort ergänzt. Man unterscheidet den ________________ und den ______________________. Während der _______________ erblich festgelegt ist, unterliegt der ____________________ starken Schwankungen. Stress, Klimaveränderungen, Medikamenteneinnahme, Genussmittel- und Drogenkonsum sowie zu wenig Schlaf verschlechtern den Hautzustand, während der Hauttyp weitgehend gleich bleibt. Der _____________________ zeigt sich in erster Linie durch den Hautglanz und die ____________________.

2. Beschreiben Sie die abgebildeten **Diagnosemethoden**.

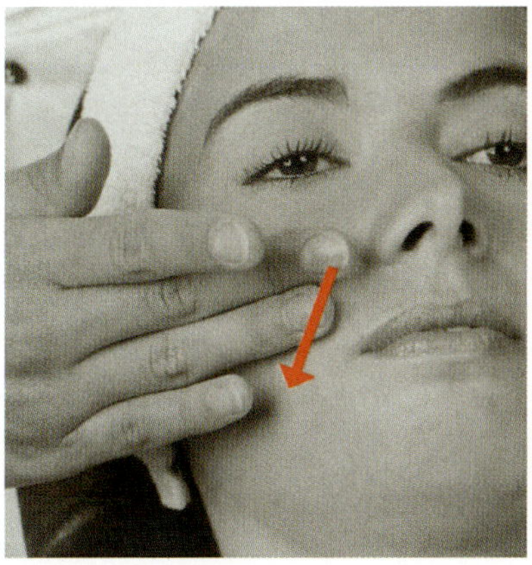

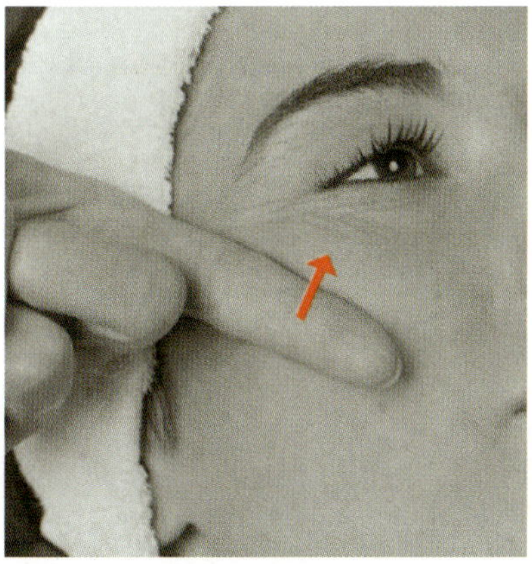

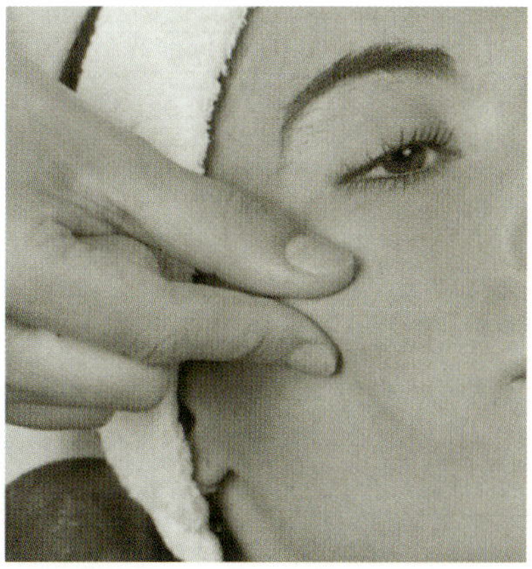

3. Unterstreichen Sie: Welche Merkmale können Sie bei einer **empfindlichen Haut** nicht feststellen?

große Poren
helle Hautfarbe
Pusteln
Rötung nach bestimmten Anwendungen
Spannungsgefühl
Trockenheit
weißer Dermographismus

2

4. Welche Methoden kann die Kosmetikerin zur Untersuchung von Hautmerkmalen einsetzen? Ergänzen Sie die Übersicht.

Hautmerkmale	Untersuchungsmethode
Durchblutung	______________________ ______________________
______________________	Dermographismus (Hautschreibung) mit dem Spatel und Befragen der Kundin
Wassergehalt der Hornschicht und Hautoberflächenprofil	______________________ ______________________ ______________________
______________________	Abheben der Haut unter dem Auge und Beurteilen der Zeit, die die Haut benötigt, um sich wieder zu glätten
Epidermisdicke	______________________ ______________________ ______________________
______________________	Andrücken eines Objektträgers auf Stirn, Nase und Kinn und Beurteilung des Fettflecks
______________________	Diaskopie (Durchscheinprobe): Wegdrücken des Blutes in den feinen Hautkapillaren mit einem Objektträger oder Plexiglasspatel

5. Begründen Sie: Warum muss eine Kosmetikerin vor der Behandlung eine **Anamnese** und **Hautdiagnose** durchführen?

____

____

____

____

____

____

____

____

____

____

____

2

6. Einträge in die **Kundenkartei**
   a) Befragen Sie eine Mitschülerin über Hautreaktionen und Hautpflege.
   b) Untersuchen Sie die Haut der Mitschülerin mit verschiedenen Methoden.
   c) Tragen Sie alle Ergebnisse in die Kundenkartei ein.

A	B	C	D	E	F	G	H	I	J	K	L	M	N	O	P	QR	S	Sch	St	T	U	V	W	X-Z	0	1	2	3	4	5	6	7	8	9

Beratung/Behandlung durch:

vorher durch:

Name/Vorname:

Straße:

Ort/PLZ:

Tel.-privat:

Tel.-gesch.:

Geburtsjahr/
Geburtsdatum:

	✓	Firma/Artikel-Nr. / evtl. bisher verwendete Produkte
Make-up		
Puder		
Rouge		
Nagellack		
Lippenstift		
Lidschatten		
Wimperntusche		
Augenbrauenstift		
Spezialprodukte		

Allergien und Unverträglichkeiten:
Risiken

Gesicht	T-Zone	Wange	Merkmale/Hautveränderungen
Hautfarbe – Pigmentierung – Eigenfarbe – Durchblutung			
Hautempfindlichkeit			
Wassergehalt der Hornschicht			
Turgor			
Tonis			
Elastizität			
Hautoberflächenprofil			
Hautdicke			
Fettgehalt			

Hauttyp
- normal ☐
- trocken ☐
- fettig ☐

Erscheinungsbild
- Akne ☐
- Altershaut ☐

Befragung:

Raucher:
Genussmittel: ______

Medikamente: ______

Hormonpräparate: ______

Erkrankungen/Operationen/etc.:

Ernährung: ______

Sport/Bewegung: ______

Sauna/Sonnenbestrahlung: ______

Beruf/Tätigkeit: ______

Größe cm: ______

Gewicht kg: ______

schlank ☐ sportlich ☐ vollschlank ☐

Haare: ______

St.-B. = Stand.-Behandlung
Sp.-B. = Spezialbehandlung
A = Ampulle
I = Iontophorese
M = Massage
Ha.-M. = Handmassage
Au.-F. = Augenbrauenfärben
Au.-Z. = Augenbrauen zupfen
W.F. = Wimpern färben
Man. = Maniküre

Datum	Kosmetikerin	Behandlung	DM	Bemerkung

2.2 Männer- und Frauenhaut

1. Was ist „typisch“ Frau und „typisch“ Mann?
   Ordnen Sie die Unterschiede der Haut durch Linien richtig zu.

	Eine Akne verläuft bei ihnen meistens schwerer.
	Ihre Bindegewebsstränge in der Subcutis sind lockerer angeordnet.
	Ihre Haut neigt früher zur Faltenbildung. Die Falten sind jedoch flacher.
	Ihre Hautfarbe ist etwas dunkler, weil ihre Haut durch Hormoneinflüsse stärker pigmentiert ist.
	Sie haben eine dünnere Epidermis (mit etwa 14 bis 20 Zelllagen).
	Sie haben eine stärkere Behaarung, weil die männlichen Sexualhormone stimulierend auf die Haarfollikel wirken.
	Sie haben mehr elastische Fasern im Bindegewebe. Die Bindegewebsvernetzung ist etwas schwächer.
	Sie leiden sehr viel öfter unter Haarausfall, weil die Haarfollikel der Kopfhaut stark auf männliche Sexualhormone reagieren.
	Sie schwitzen mehr, weil sie mehr ekkrine Schweißdrüsen besitzen.

2. a) Wie wird **Cellulitis** im allgemeinen Sprachgebrauch auch genannt?

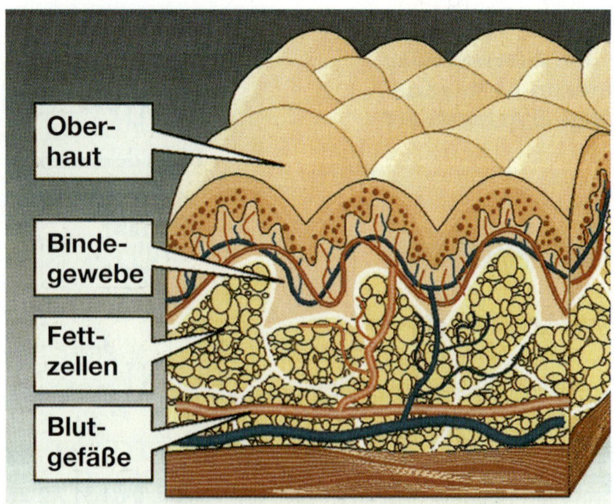

b) Nennen Sie Gründe und Ursachen für eine **Cellulitis**.

3 Veränderungen und Erkrankungen der Haut und Nägel

1. Jeanette hat heute den ganzen Tag in ihren neuen Schuhen gearbeitet.
   Weil sie kaum Zeit hatte, mal eine Pause zu machen, schmerzen ihre Füße gegen Abend. An beiden Fersen hat sich jeweils eine große Blase gebildet.
   Wie entstehen **Hautblasen**?

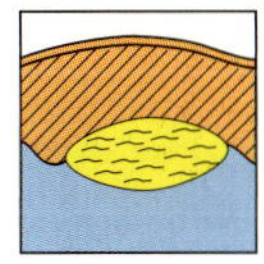

Blase (Bulla)

2. Welche weiteren Hautveränderungen ergeben sich durch **Reibung und Druck**?

3. Beschreiben Sie diese **Effloreszenzen** (Hautblüten) und geben Sie jeweils ein Beispiel.

Effloreszenzen	Beschreibung	Beispiele
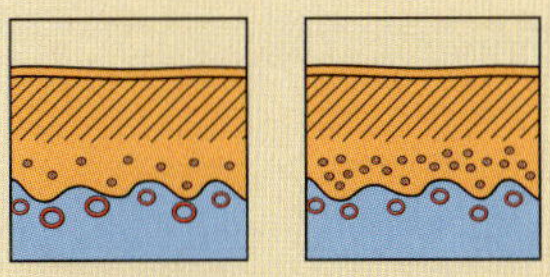 Fleck (Macula)		
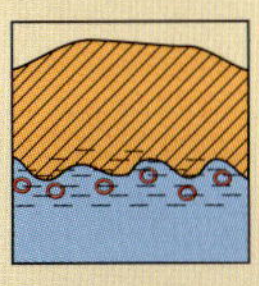 Quaddel (Urtica)		
 Bläschen (Vesicula)		
 Pustel (Pustula)		
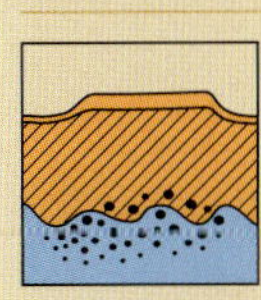 Knötchen (Papula, Papel)		

4. Viele Hautveränderungen fallen bereits beim Betrachten der Haut auf, weil sie Abweichungen von der **Hautfarbe** oder vom **Hautniveau** zeigen.
   a) Verbinden Sie die Begriffe mit den richtigen Erklärungen durch Linien.

	Schuppen	sind größere, mit Flüssigkeit gefüllte Hohlräume.
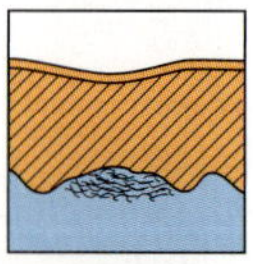	Narben	sind lose oder festhaftende Hornauflagerungen.
	Krusten	sind Risse in stark verhornten Hautpartien.
	Blasen	sind mit Eiter gefüllte Hohlräume in der Epidermis.
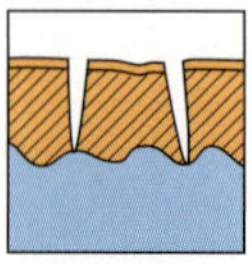	Einrisse	sind Auflagerungen aus eingetrocknetem Sekret.
	Pusteln	sind unvollkommen regeneriertes Gewebe.

   b) Welche dieser Veränderungen müssen vom **Arzt** behandelt werden?

____

____

____

____

____

____

5. Welche der folgenden **Hautveränderungen** sind entzündlich? Unterstreichen Sie die richtigen Antworten.
   Epheliden, Vitiligo, Rosacea, Herpes, Feuermale, Keloide, Milien, Pusteln

6. Welche der folgenden Veränderungen liegen <u>nicht</u> über dem **Hautniveau**?
   Kreuzen Sie die richtigen Antworten an!

(A) **Warzen**	(D) **Feuermale**	(G) **Milien**	(J) **Epheliden**
(B) **Keloide**	(E) **Nävi**	(H) **Vitiligo**	(K) **Tätowierungen**
(C) **Linsenflecken**	(F) **Fibrome**	(I) **Papeln**	(L) **Pusteln**

7. Welche **Veränderungen** oder **Erkrankungen** liegen vor? Ordnen Sie folgende Fachbezeichnungen den zwölf Fotos richtig zu.

Akne papulo-pustolosa
aktinische Keratose
Alterswarze (seborrhöische Warze)
Café au lait-Fleck
Lippenherpes
Periorale Dermatitis
Pilzbefall des Nagelwalls
Schuppenflechte (Psoriasis)
Sklerodermie
Sommersprossen (Epheliden)
Vulgäre Warzen
Weißfleckenkrankheit (Vitiligo)

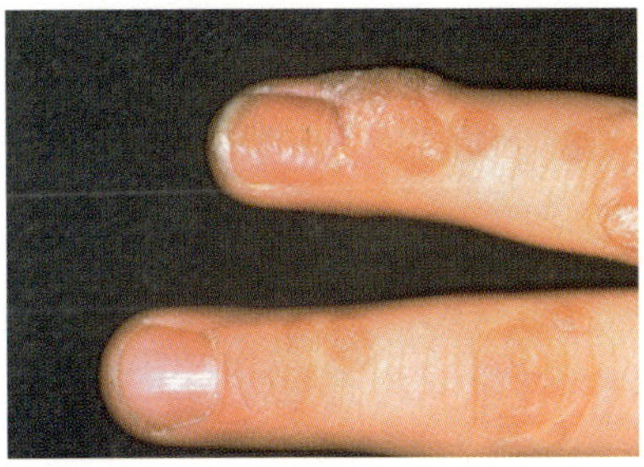

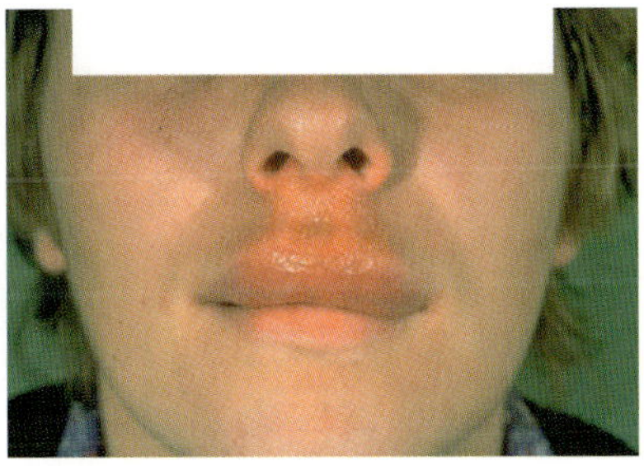

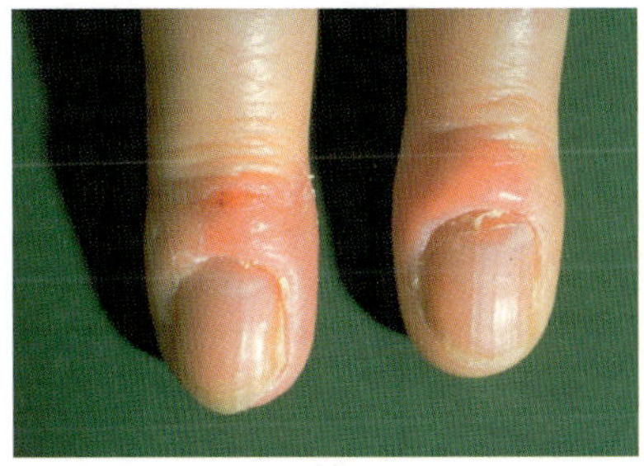

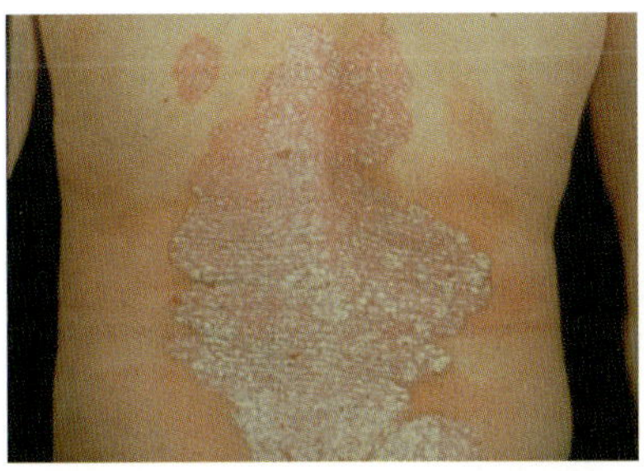

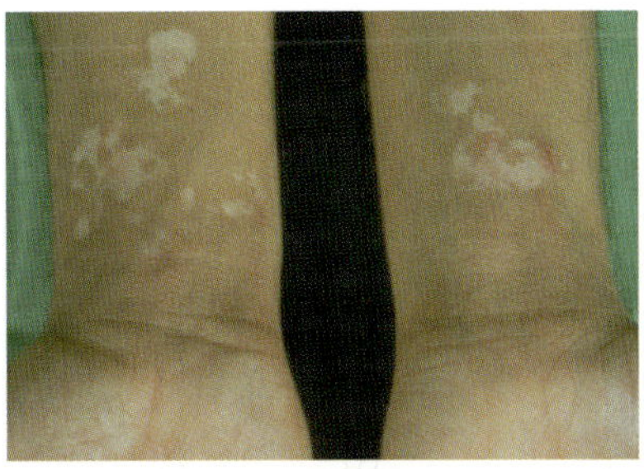

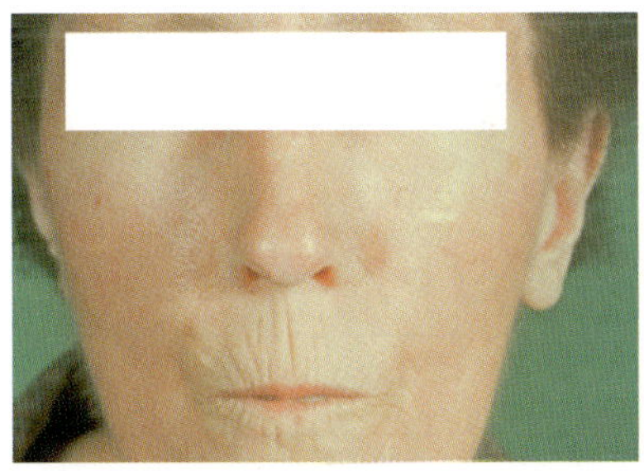

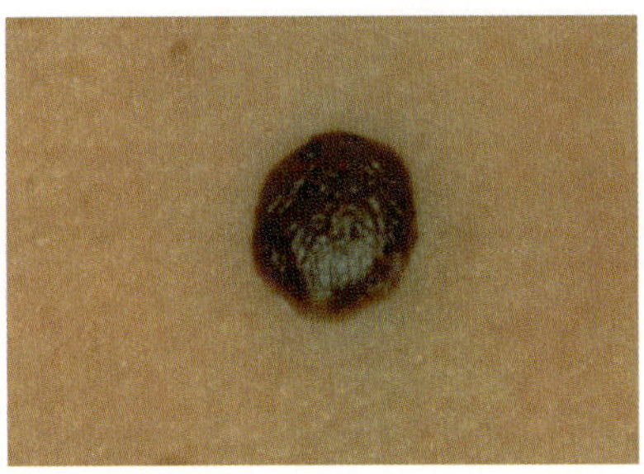

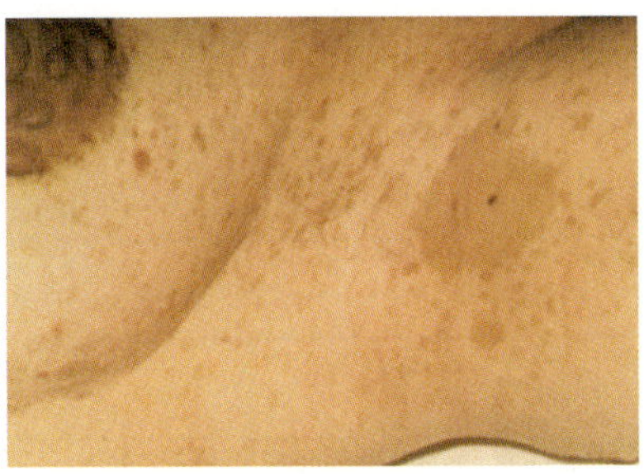

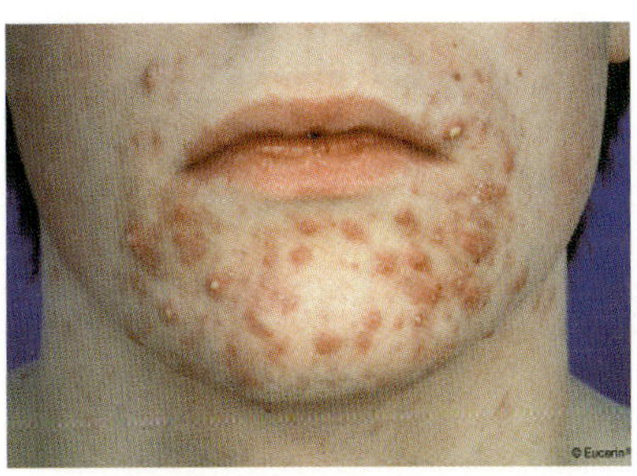

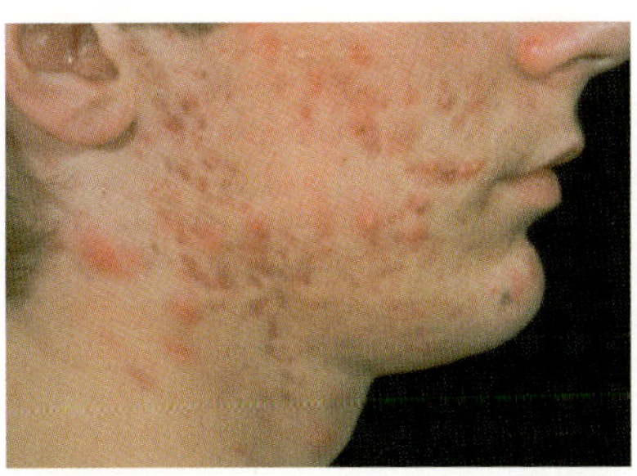

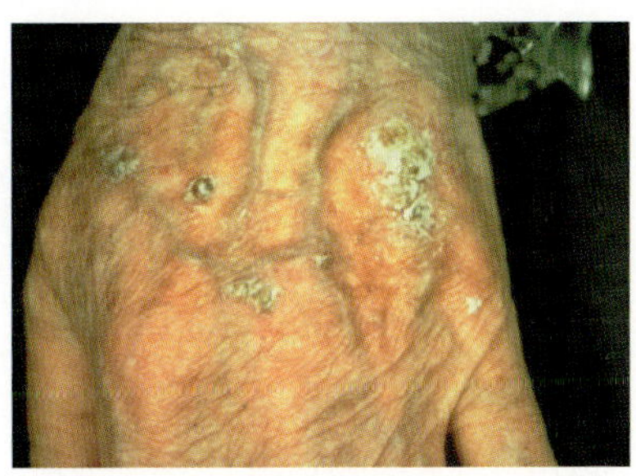

2

8. **Gutartige und bösartige Neubildungen** der Haut: Eine Kundin berichtet bei der Anamnese, dass sie seit kurzem auf ihrer Kopfhaut einen seltsamen „Pickel“ hat, der sie beim Kämmen stört. Wie reagieren Sie als Kosmetikerin richtig?

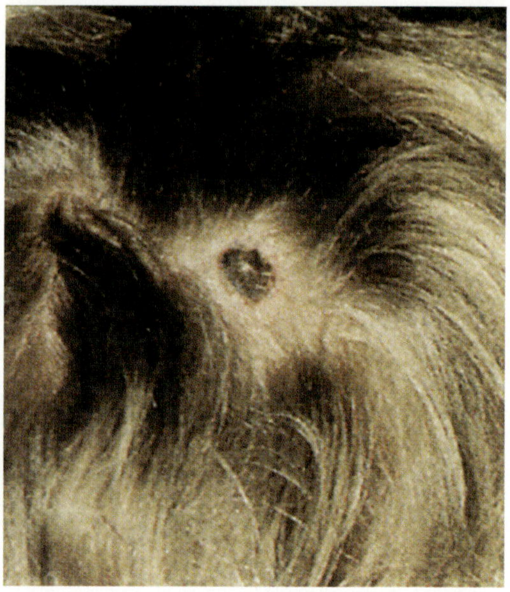

9. Es gibt eine **ABCD-Regel** für die Früherkennung von malignen (bösartigen) Melanomen (schwarzer Hautkrebs), die eine Kosmetikerin kennen muss, um Kunden informieren zu können und ggf. zu einem Arztbesuch zu raten. Erklären Sie diese Regel.

A:

B:

C:

D:

10. Welche Personengruppen sind besonders gefährdet, an einem malignen **Melanom** zu erkranken?

11. Welche der folgenden Tumoren der Haut sind bösartig (maligne)? Kreuzen Sie die richtigen Antworten an.

- (A) **Warze**
- (B) **Melanom**
- (C) **Atherom (Grützbeutel)**
- (D) **Karzinom**
- (E) **Nävus**
- (F) **Fibrom (Geschwulst des Bindegewebes)**

12. Üben Sie den Umgang mit Fachbegriffen und finden Sie das Lösungswort.

1. Drüsen, die ein fettiges Sekret in den Haarfollikel abgeben
2. Fachbegriff für die trockene Haut
3. Spannungszustand und Dehnbarkeit der Haut
4. Fachbegriff für die Hautuntersuchung
5. Erblich festgelegtes, in erster Linie von der Drüsentätigkeit abhängiges Erscheinungsbild der Haut
6. Systematische Erfassung aller Kundendaten
7. Teilbereich der Kosmetik, der sich z.B. mit der Gesichtsmassage beschäftigt
8. Erblich bedingte Färbung der Haut, der Haare und der Iris im Auge
9. Art und Weise, wie man etwas durchführt
10. Fachbegriff für die Handpflege
11. Spannungszustand der Haut und der Muskeln
12. Erworbene Überempfindlichkeit gegenüber körperfremden Stoffen
13. Verhornte Auflagerungen auf der Haut oder auf der behaarten Kopfhaut
14. Hauttyp mit fettiger T-Zone und trockenem Wangenbereich
15. Fachbegriff für einen Hauttyp: fettige Haut und fettiges Haar
16. Hormonell und erblich bedingte Erkrankung der fettigen Haut

1\. [_] _ _ _ _ _ _ _ _ _

2\. _ [_] _ _ _ _ _ _ _

3\. _ [_] _ _ _ _ _ _ _ _ _

4\. _ _ _ _ _ _ _ [_]

5\. _ [_] _ _ _ _ _

6\. _ _ [_] _ _ _ _ _ _ _ _ _

7\. _ _ _ _ [_] _ _ _ _ _ _ _ _ _ _ _ _

8\. _ [_] _ _ _ _ _ _ _ _ _ _ _

9\. _ [_] _ _ _ _ _

10\. _ _ _ _ [_] _ _ _

11\. [_] _ _ _ _

12\. [_] _ _ _ _ _ _ _

13\. [_] _ _ _ _ _ _ _

14\. _ [_] _ _ _ _ _ _ _

15\. _ [_] _ _ _ _ _ _

16\. _ _ [_] _

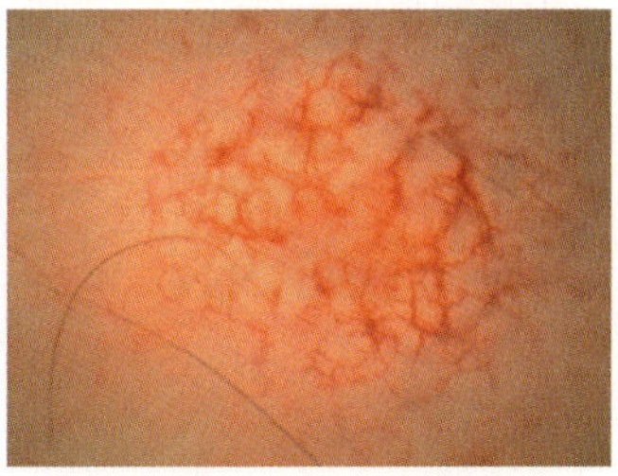

Lösungswort: ______________________

3 Kosmetische Präparate und ihre Anwendung

1 Wasser in der kosmetischen Praxis

1. Ergänzen Sie in der Tabelle die Wirkungen verschiedener **Anwendungen mit Wasser** (in flüssiger Form) in der kosmetischen Praxis.

Beispiel	Wirkung
Feucht-warme Kompressen 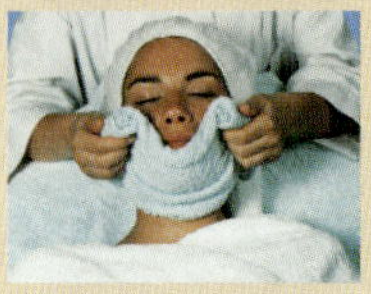	
Wasserbäder unter 15 °C 	
Wasserbäder zwischen 33 und 37 °C 	
Wechselbäder 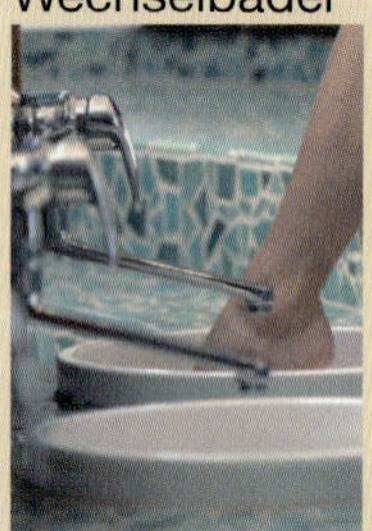	
Salzbäder und Meerwasserbäder 	
Saunagänge 	
Fußbäder 	

2. „Wasser ist zum Waschen da!" Aber nicht nur das: Je nach Aggregatzustand kann Wasser ganz unterschiedliche Wirkungen auf den Körper haben. Welche **Aggregatzustände des Wassers** werden unterschieden?

___

___

3. Nennen Sie Beispiele für kosmetische Behandlungen, bei denen **Wasser in fester Form** (Eis) genutzt wird.

___

___

___

4. a) Warum und wie wird **Wasserdampf** (Wasser im gasförmigen Zustand) in der kosmetischen Praxis eingesetzt?

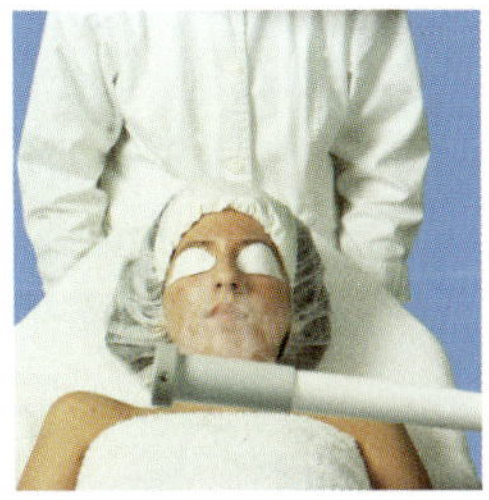

___

___

___

___

b) In welchen Fällen darf <u>keine</u> Wasserbedampfung durchgeführt werden? Nennen Sie **Kontraindikationen**.

___

___

___

___

___

___

5. Erläutern Sie: Warum kann man ein Make up <u>nicht</u> ausschließlich mit **Wasser** von der Haut entfernen?

___

___

___

___

___

___

___

2 Reinigungsmittel

2.1 Hautreinigung: Seife oder Syndet?

1. a) Erläutern Sie: Hat die Kosmetikerin recht?

„Bisher habe ich immer eine sehr milde Cremeseife für mein Gesicht benutzt. Meine Kosmetikerin sagt aber, egal wie mild eine Seife sei, alle Seifen zerstören den Säureschutzmantel der Haut. Jetzt bin ich verunsichert."

____

____

____

3

b) Welche Reinigungspräparate empfehlen Sie dieser Kundin?

____

2. **Seifen** sind immer noch ein beliebtes Reinigungsmittel. Sie sind relativ preiswert und leicht handhabbar. Die Ansprüche an die Hautreinigung und Hautpflege sind jedoch sehr verschieden. Welche Seife empfehlen Sie jeweils für folgende Ansprüche?

Ansprüche	Empfehlung
besonders milde Reinigung der Hände	
Unterbinden von Schweißgeruch	
Beduftung der Wäsche	
gute Schaumbildung bei der Reinigung der Hände	
Hornschichterweichung	
Verbesserung der Hautfeuchtigkeit	

3. Ines: „Ich benutze eine Transparentseife zum Abschminken. Sie schäumt sehr gut und macht meine Haut so klar." Marion: „Also ich brauche einen guten Augen-Make-up-Entferner. Sonst löst sich meine Wimperntusche nicht richtig, und ich habe schwarze Ränder unter den Augen." Ines: „Na ja, dunkle Ränder habe ich danach schon unter den Augen, aber das macht doch nichts. Die gehen doch beim Eincremen wieder weg."

Nehmen Sie Stellung: Was empfehlen Sie Ines? Antworten Sie in direkter Rede.

____

____

____

____

____

____

____

____

____

4. Warum werden **Seifen** bei der kosmetischen Behandlung im Institut nicht eingesetzt?
Ergänzen Sie im Lückentext folgende 14 Stichwörter:

alkalisch
Antike
feste Seifen
Fette
Flüssig- oder Schmierseifen
Haut
Kalkseife
Mikroorganismen
Säureschutzmantel
Seife
Seife
Tenside
Verschmutzungen
Wasser

Zur Hautreinigung wählt man ______________. Sie sollen oberflächliche ________________________ der Haut lösen. Ein Tensid, das bereits in der ____________ benutzt wurde, ist die __________. Durch das Kochen natürlicher __________ mit starken Laugen erhält man Glycerin, Fettsäuren und ein Salz aus den Fettsäuren und den Laugenteilchen. Dieses Salz ist die __________. Kaliumsalze bilden ________ ____________________________________. Natriumsalze bilden ____________________. Wenn sich diese Salze aus starken Laugen (Kalilauge oder Natronlauge) und schwachen Fettsäuren im Wasser auflösen, reagieren sie ______________. Diese Wirkung von Seifen zerstört vorübergehend den ______________ __________ der ____________. Die Haut hat für kurze Zeit keinen physiologischen Schutz vor ____________________________ und Chemikalien mehr. Außerdem bildet Seife mit hartem (kalkhaltigem) ______________ unlösliche ______________. Das sind zwei Gründe, weshalb Seifen nicht während einer kosmetischen Behandlung eingesetzt werden.

5. Statt des natürlichen Tensids Seife werden heute meistens **synthetische Tenside** (Syndets) verwendet.
a) Wofür steht die Abkürzung **Syndet**?

____

____

b) Welche Eigenschaften haben Syndets?

____

____

____

c) Nennen Sie verschiedene Syndets, die zur Körperpflege verwendet werden.

____

____

____

d) Nennen Sie verschiedene Syndets, die zur Reinigung des Kosmetikinstituts verwendet werden.

____

____

2.2 Hautreinigung mit Reinigungsemulsionen

1. Erläutern Sie die Wirkung von **Hautreinigungsmitteln** auf einer „fettverschmutzten“ Haut mithilfe der Abbildungen.

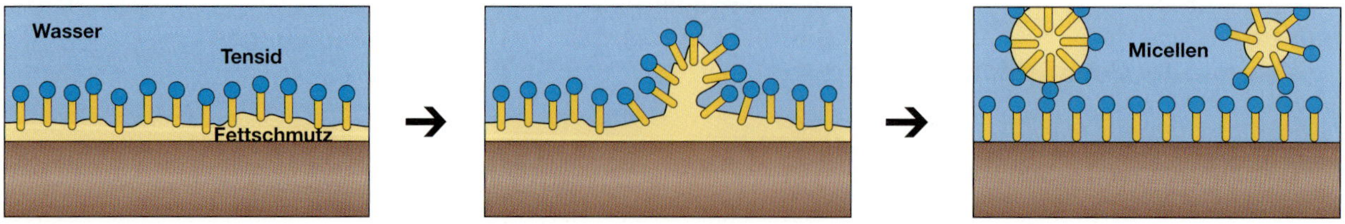

______________________ ______________________ ______________________

______________________ ______________________ ______________________

______________________ ______________________ ______________________

______________________ ______________________ ______________________

______________________ ______________________ ______________________

______________________ ______________________ ______________________

2. Was ist der Unterschied zwischen **Reinigungsmilch** und **Reinigungscreme**? Erklären Sie den Unterschied mithilfe der Abbildungen.

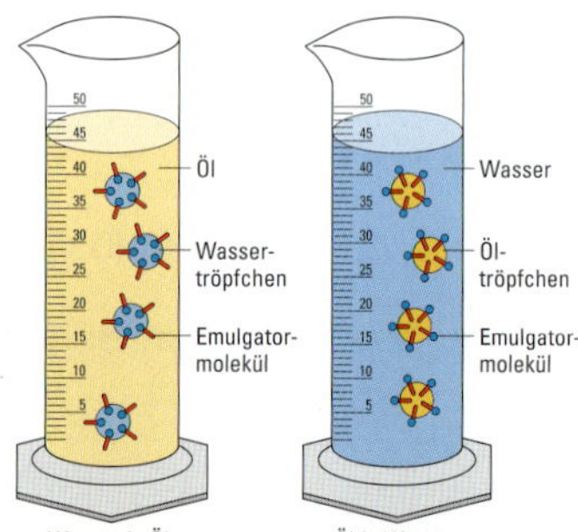

Wasser-in Öl-Emulsion (W/Ö)

Öl-in Wasser-Emulsion (Ö/W)

Reinigungsmilch ____

____

____

____

____

Reinigungscreme ____

____

____

____

3. Eine Reinigungsemulsion enthält naturbelassene Öle, destilliertes Wasser, eine Emulgatormischung, Wirkstoffzusätze, Konservierungsstoffe, Farb- und Duftstoffe. Welche Bedeutung haben folgende Inhalts- und Wirkstoffe in einer Reinigungsemulsion?

Weizenkeimöl, Mandelöl, Avocadoöl ______________________________

Triethanolaminstearat, Stearylalkohol ______________________________

Rosmarinöl, Orangenblütenöl ______________________________

Panthenol, Aloe vera ______________________________

Methylparaben, Propylparaben ______________________________

____

4. Mit welchen Argumenten können Sie eine Reinigungsmilch für die trockene Haut empfehlen? Denken Sie dabei an die Ihnen bekannten Präparate. Formulieren Sie Ihre Argumente im kundenfreundlichen Sie-Stil.

____

____

____

____

2.3 Intensivreinigungen

1. Uwe: „Olivenöl, Meersalz und Zitronensaft. Was habe ich wohl damit vor?"
   Bernd: „Hmm, klingt wie ein Rezept für eine Salatsoße."
   Uwe: „Falsch. Ich mache mir daraus ein Körperpeeling."
   Bernd: „Scharf! Und wie soll das funktionieren?"

Antworten Sie an Uwes Stelle:

2. Es gibt mehrere Möglichkeiten, die Haut von überflüssigen Hornschüppchen zu befreien und das Hautrelief dadurch zu verfeinern. Teilen Sie folgende Verfahren in A) **mechanische Verfahren** und B) **biochemische Verfahren** ein. Setzen Sie den richtigen Buchstaben ein.

   Hauttrockenbürsten ______, Körperpeeling mit Seesand ______, Dermabrasion ______,
   Kräuter-Tiefenschälkur ______, Vitamin-A-Säure ______, Rubbelpeeling ______,
   biologische Schälkur ______, Enzympeeling ______.

3. a) Beschreiben Sie die Wirkungen eines mechanischen Gesichtspeelings.

   b) Geben Sie konkrete Beispiele für Peeling-Präparate an.

4. Neben den mechanischen Verfahren zur Hautglättung gibt es zahlreiche biochemische **Schälmethoden**. Auf welche Weise werden dabei überschüssige Hornschüppchen von der Haut entfernt?

____

____

____

____

____

5. Welche der folgenden Aussagen über **Fruchtsäuren** sind richtig? Kreuzen Sie an.

3

- (A) Fruchtsäuren sind milde, anorganische Säuren.
- (B) Fruchtsäuren werden auch AHAs (Alpha-Hydroxy-Acids) genannt.
- (C) Fruchtsäuren lockern die Kittsubstanz zwischen den Hornlamellen.
- (D) Fruchtsäuren sind alkalisch, weil sie die Haut auflösen.
- (E) Fruchtsäuren stammen beispielsweise aus Tomaten und Bier.
- (F) Fruchtsäuren fördern den Zellstoffwechsel der Haut.
- (G) Fruchtsäuren desinfizieren wirksam Hautunreinheiten.
- (H) Fruchtsäuren wirken keratolytisch.

6. Mit welchen Argumenten empfehlen Sie eine **biologisch-enzymatische Schälkur**? Schreiben Sie Ihre Argumentation im kundenfreundlichen Sie-Stil und sprechen Sie über ein konkretes Produkt.

____

____

____

____

____

____

7. Welche der folgenden Säuren zählen zu den **Fruchtsäuren**? Unterstreichen Sie die Fruchtsäuren.

Aminosäure, Apfelsäure, Blausäure, Glycolsäure, Milchsäure, Phosphorsäure, Salicylsäure, Salzsäure, Weinsäure

3 Hautpflegepräparate

3.1 Wirkungen von Hautpflegepräparaten

1. Eine Vielzahl von **Präparategruppen zur Hautpflege** wird unterschieden. Jede Gruppe hat besondere Wirkansprüche. Verbinden Sie die Satzteile sinnvoll mit Linien.

Augengele	bilden einen wasserabweisenden Schutzfilm auf der Haut.
Feuchtigkeitscremes	dienen als Make-up-Unterlage.
Handschutzpräparate mit Silikonölen	sind meistens W/Ö-Emulsionen.
Körperlotionen für die normale Haut	sind meistens Ö/W-Emulsionen.
Nacht- und Nährcremes	sollen die besonders zarte Haut der Augenpartie regenerieren und pflegen.
Tagescremes	enthalten Feuchtigkeitsfaktoren, sollen die Hornschicht durchfeuchten und die Haut optisch „aufpolstern“.

2. Erläutern Sie: Inhaltsstoffe, Aufbau und Wirkungen verschiedener Zubereitungen in **Hautpflegepräparaten**.

A) Ö/W-Emulsion:

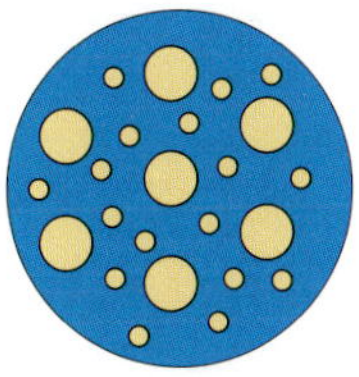

B) W/Ö-Emulsion:

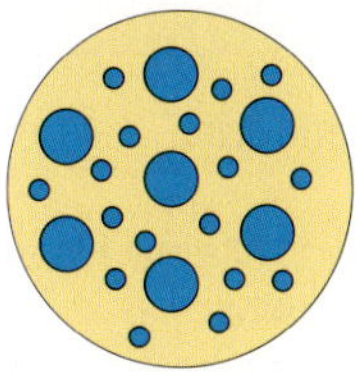

C) Gel:

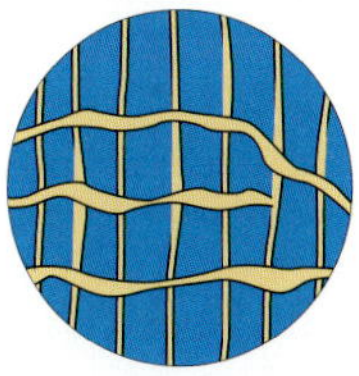

D) Liposomenfluid:

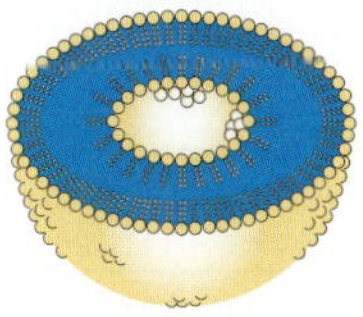

3.2 Masken, Packungen und Modellagen

1. Erläutern Sie mithilfe der Abbildungen die Wirkung von **Packungen** und **Masken**. Nennen Sie außerdem Produktbeispiele.

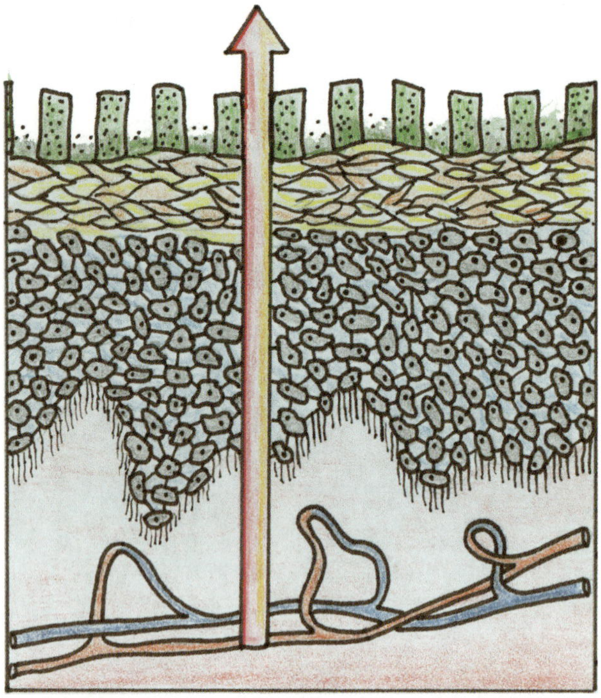

Wärme Wasser Gase

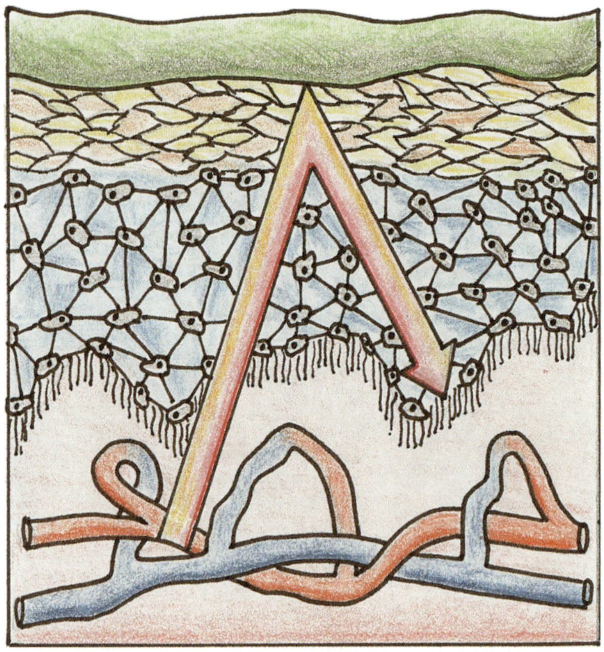

Wärme Wasser Gase

2. Sonja und Nadine sind Freundinnen. Sonja arbeitet in einer Drogerie, Nadine lernt Kosmetikerin.

Sonja: „Wir haben heute ganz tolle Cremeмasken im Angebot. Ich habe sie ausprobiert. Meine Haut ist ganz zart und Reste brauchte ich nicht zu entfernen. Mit der Zeit zieht die Maske vollkommen in die Haut ein.“
Nadine: „Dann ist es aber keine Maske, sondern eine Packung!“
Sonja: „Aber es steht doch ‚Cremeмaske‘ drauf!“

Antworten Sie an Nadines Stelle.

4 Grund- und Wirkstoffe in kosmetischen Präparaten

4.1 Wo und wie wirken kosmetische Stoffe?

1. **Wirkstoffe** können auf verschiedenen Wegen in die Haut eindringen. Benennen Sie die „Eintrittspforten“ und zeichnen Sie diese mit roten Linien in die Abbildungen ein.

Längsschnitt durch die Epidermis und die obere Lederhaut

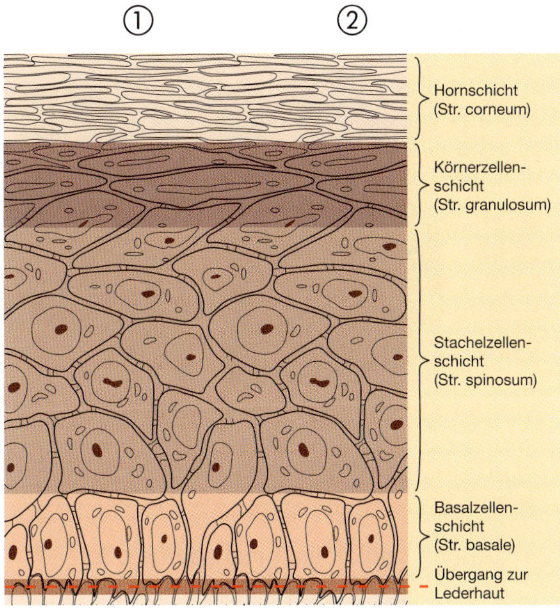

Längsschnitt durch die Epidermis, die Lederhaut und das Unterhautfettgewebe

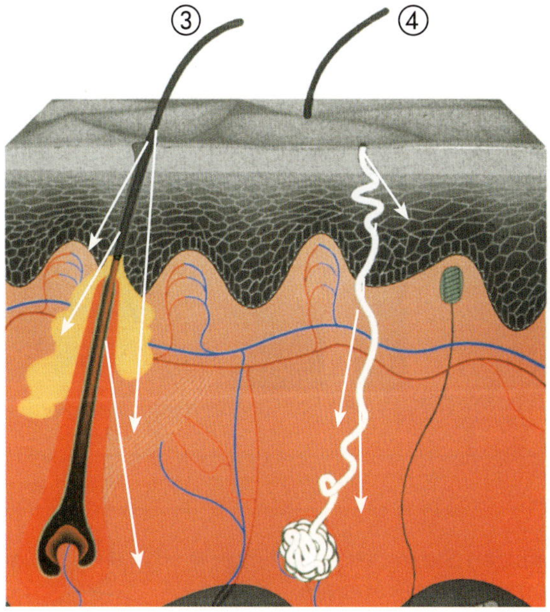

______________________________ ______________________________

______________________________ ______________________________

2. Je nach Wirkungsort und beabsichtigter Wirkung werden verschiedene **Wirkstoffgruppen** unterschieden. Ergänzen Sie die Tabelle.

Wirkungsort	beabsichtigte Wirkung	Wirkstoffbeispiele
Hautoberfläche		
Hornschicht der Epidermis		
gesamte Epidermis		
Schweißdrüsenausgänge		
Kapillaren (Hautdurchblutung)		

4.2 Säuren in der kosmetischen Praxis

1. Begründen Sie: Warum werden in der kosmetischen Praxis kaum anorganische, sondern fast ausschließlich **organische Säuren** verwendet?

____

____

____

____

____

3

2. Nennen Sie **organische Säuren**, die in kosmetischen Präparaten verwendet werden.

____

____

3. Ergänzen Sie in der Abbildung die **pH-Werte** folgender 14 Körperflüssigkeiten, Inhaltsstoffe oder kosmetischer Präparate:

AHA-Präparate, **Antitranspiranzien**, **Blut**, **Cremes und Packungen**, **Gesichtswasser**, **Haarentfernungscremes**, **Magensäure**, **Milch**, **Nagelhauterweicher**, **Schweiß**, **Seifen**, **Wimperndauerwelle**, **Wimpernfarbe**, **Zitronensäure**

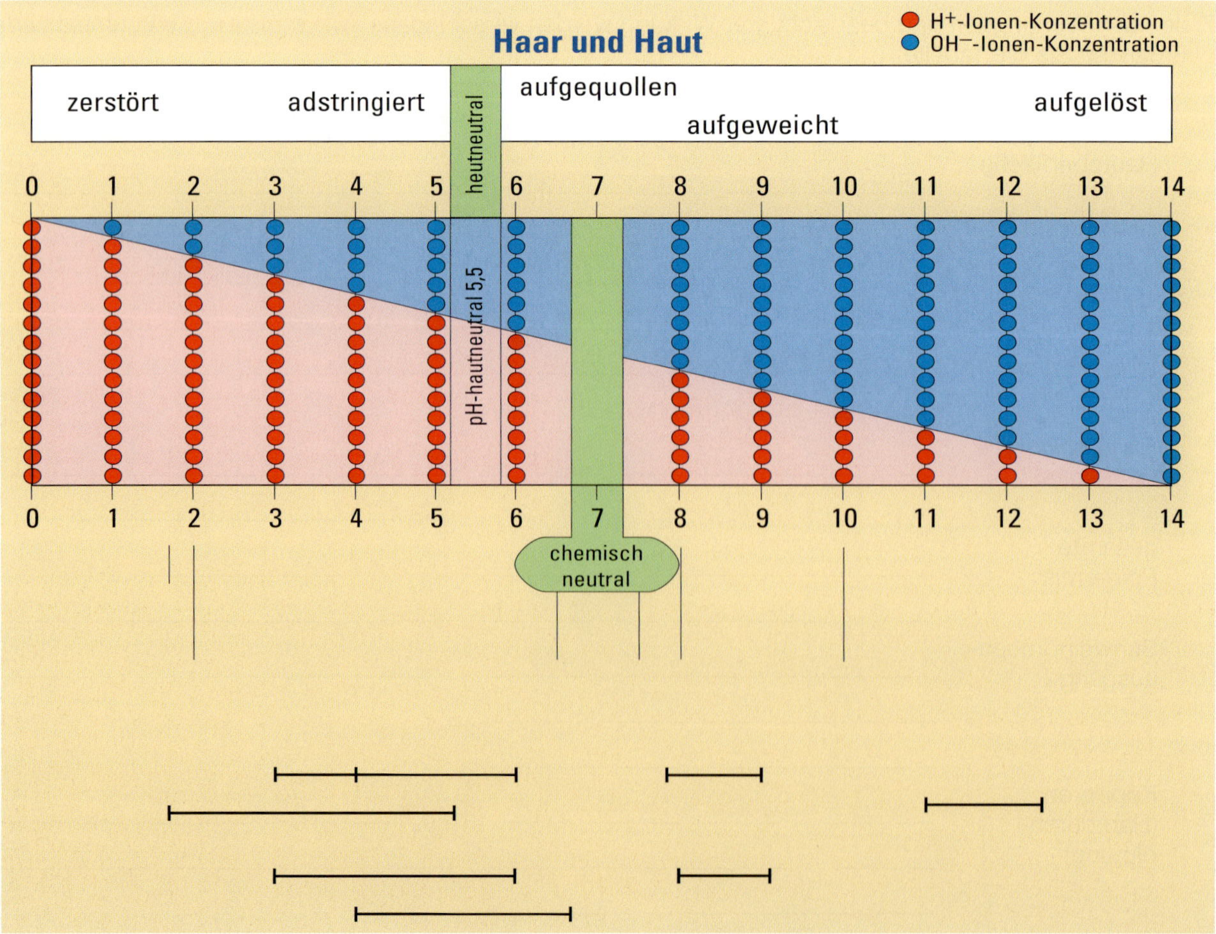

4.3 Paraffine, Fette, Öle und Wachse in der Kosmetik

1. **Lipide**, **Lipoide** und **Paraffine**: Wo liegen die Unterschiede?
Verbinden Sie die Satzteile sinnvoll mit Linien.

Lipide	dringen nicht in die Hornschicht ein, sondern bilden einen geschlossenen Schutzfilm. Sie werden wegen ihrer festen Konsistenz z. B. in Lippenstiften verwendet.
	Hierzu zählen folgende Fette und Öle pflanzlicher Herkunft: Kakaobutter, Sesamöl, Avocadoöl, Olivenöl und Erdnussöl.
	nennt man auch Mineralöle, Mineralfette oder Mineralwachse.
	sind die natürlichen Fette und Öle pflanzlicher oder tierischer Herkunft.
Lipoide	sind einfache langkettige Verbindungen aus Kohlenstoff und Wasserstoff.
	Hierzu zählen folgende Fette und Öle tierischer Herkunft: Lebertran, Nerzöl und Eieröl.
	sind fettähnliche Stoffe pflanzlicher Herkunft, z. B. Carnaubawachs oder Lecithin aus der Sojabohne.
	sind fettähnliche Stoffe tierischer Herkunft, z. B. Wollwachs (Lanolin) und Bienenwachs.
Paraffine	werden aus Erdöl destilliert, gereinigt und für kosmetische Zwecke aufbereitet.

3

3

2.

a) Wer als Kosmetikerin überzeugen will, muss richtig argumentieren können! Ergänzen Sie den Lückentext zur **Argumentation** mit folgenden Begriffen:

Argument	**Beispiel**	**Empfehlung**	**stützt**
Argumentation	**Beweis**	**kundenbezogen**	**Vorteile**
Behauptung	**denn**	**Schritten**	**weil**

Eine vollständige und überzeugende ____________________, z. B. beim Verkauf von Gesichtspflegeprodukten, besteht aus drei ______________:

(1) Als Erstes nennt die Kosmetikerin eine These (= ________________), die sie als Empfehlung oder Vorschlag formuliert, z. B. „Ich empfehle Ihnen …".

(2) Im zweiten Schritt folgt eine Begründung (= ________________) für ihre ________________. Argumente werden grundsätzlich mit Wörtern wie „________", „da", „__________" oder „dadurch" an die These angebunden. Außerdem sollen sie immer positiv, verständlich und ________________ formuliert werden: Welche persönlichen ________________ hat die Kundin mit dem Produkt?

(3) Die Verkaufsargumentation schließt mit einem Beleg ab, der das Argument nachprüfbar __________. Dieser Beleg kann ein ______________, z. B. „Dermatologische Untersuchungen haben bewiesen, dass …" oder ein ________________, z.B. „Meine Kollegin hat auch …" sein.

b) Führen Sie die Argumentation der Kosmetikerin zur Gesichtspflege mit Jojobaöl in direkter Rede fort, indem Sie die These durch jeweils zwei exemplarische **Argumente** und **Belege** ergänzen.

Argument:

____

____

____

____

Beleg – Beweis:

____

____

____

____

____

Oder Beleg – Beispiel:

____

____

____

5 Drogen in der Kosmetik

5.1 Herkunft und Eigenschaften von **Drogen** in der Kosmetik: Ausschneidebogen zum Arbeitsblatt auf Seite 69

Sie werden auch „Seifenkraut“ genannt, weil sie mit Wasser einen haltbaren Schaum bilden.

Agave

Der Name dieser Drogen leitet sich von der Farbe ab (flavus = gelb). Sie wirken entzündungshemmend.

Sie sind pflanzlicher Herkunft. Sie enthalten Schleim und Pektine, die mit Wasser Gallerte bilden und deshalb z. B. als Emulgatoren in Ö/W-Emulsionen verwendet werden.

Sie wurden ursprünglich zum Gerben von Tierhäuten genutzt. In der Kosmetik werden sie als Adstringens verwendet.

Ross-kastanie

Man unterscheidet tierische Extrakte (z. B. der Placenta, Thymusdrüse und Haut) und Fixateure (z. B. Moschus und Ambra), die heute allerdings meistens synthetisch hergestellt werden.

Das sind pflanzliche Wirkstoffe mit hormonähnlicher Wirkung.

Moschus vom Moschushirsch

Sie sind charakteristisch riechende, leicht flüchtige, ölartige, aber nicht fettende Flüssigkeiten aus verschiedenen Pflanzen.

5.1 Herkunft und Eigenschaften von **Drogen** in der Kosmetik

Ergänzen Sie die Tabelle, indem Sie die Erklärungen und Abbildungen aus dem Ausschneidebogen von Seite 67 ausschneiden und aufkleben.

Drogen	**Erklärung und allgemeine Eigenschaften**	**Herkunft: Abbildungsbeispiele**	
Schleimdrogen			
Saponindrogen			
Flavonoiddrogen			
Gerbstoffdrogen			
Phytohormone			
Drogen tierischer Herkunft			
Drogen mit ätherischen Ölen			

5.2 Drogen mit ätherischen Ölen

1. Erläutern Sie verschiedene **Einsatzmöglichkeiten ätherischer Öle** in der Kosmetik.

3

2. Ätherische Öle haben besondere Wirkungen (Eigenschaften). Deshalb sollten Sie im Beratungsgespräch mit vielen Adjektiven (Eigenschaftswörter) argumentieren, um die Vorstellungskraft der Kundin anzusprechen. Ergänzen Sie die Tabelle mit entsprechenden Adjektiven.

Ätherische Öle		**Duft**	**Wirkung auf den Menschen**
	Anisöl	kraftvoll-süß	
	Basilikumöl		
	Fenchelöl		
	Rosenöl		
	Rosmarinöl		
	Lavendelöl		
	Vanilleöl		beruhigend, ausgleichend

5.3 Parfüms und Duftwässer

1. Für den **Verkauf von Duftwässern und Parfums** ist eine mündliche Beschreibung der jeweiligen Duftrichtung für die Kundin hilfreich. Ergänzen Sie zu den Beschreibungen der Duftstoffe die entsprechenden Duftnoten.

Beschreibung der Duftrichtung	Duftnote
Sie wirken leicht, frisch und kühl und duften nach Blättern, Wiesen und Gräsern.	______________
Es sind herb-frische oder durch Zusätze süße, blumige Noten, die sich durch Bergamotteöl, Eichenmoos-Extrakte und Lavendel-Noten ergeben.	______________
Sie erinnern an den Geruch feiner Lederwaren.	______________
Sie richten sich im Duft nach der entsprechenden Blüte, ohne dass der natürliche Duft Hauptbestandteil sein muss.	______________
Ein würziger Geruch durch Extrakte wie Nelken, Ingwer oder Muskat.	______________
Diese Duftstoffe verflüchtigen sich schnell und dienen vorwiegend der Erfrischung. Sie bestehen aus den ätherischen Ölen der Zitrusfrüchte.	______________
Kennzeichnend für diese Duftstoffe sind schwere, süße, balsamische Noten wie Vanille, Ambra und Moschus oder Gewürzextrakte.	______________
Sie duften z. B. nach Maiglöckchen oder Rosen und bestehen aus ätherischen Ölen von Zitrusfrüchten und aus natürlichen oder synthetischen Aldehyden. Sie betonen den fruchtigen, frischen Eindruck eines Parfums.	______________
Sie geben den Duft des Tabaks wieder. Je nach Komposition mit anderen Noten ergeben sich schwere, süße, honigartige, würzige Kompositionen.	______________
Sie werden oft synthetisch hergestellt und duften nach der entsprechenden Frucht.	______________
Sie duften nach exotischen Hölzern, z. B. Patschuli und Zedernöle.	______________

2. Die Vielfalt der Duftstoffe ist groß. Trotzdem lassen sich die Duftstoffe ihrer **Herkunft** nach in drei Gruppen unterscheiden. Welche drei Gruppen sind das?

1. ______________ 2. ______________ 3. ______________

3. Ätherische Öle sind charakteristisch riechende, leicht flüchtige, ölartige Flüssigkeiten aus verschiedenen Pflanzen. Wie heißen die vier Verfahren, mit denen **ätherische Öle** gewonnen werden?

1. ______________ 2. ______________

3. ______________ 4. ______________

3

4. Herr Müller möchte seiner Frau ein **Duftwasser oder Parfum** schenken. Doch die Auswahl ist groß. Er möchte gerne wissen, worin sich die Produkte unterscheiden.

5. Erklären Sie die unterschiedlichen Eigenschaften und Anwendungsbereiche von Duftstoffpräparaten.

Duftstoffpräparate	Eigenschaften und Anwendungsbereiche
• Eau de Cologne	
• Eau de Toilette • Eau de Parfum	
• Parfum	

3

6. Herr Müller möchte seiner Frau ein Duftstoffprärarat kaufen, das unaufdringlich und leicht duftet. Welches Duftstoffpräparat empfehlen Sie Herrn Müller für seine Frau?

7. Je nach der Zusammensetzung des Hydro-Lipid-Films ist die Duftentwicklung eines Parfums auf der Haut sehr unterschiedlich. Tragen Sie die Phasen der Duftentwicklung, die Zeit bis zu ihrer Entwicklung und die Duftnoten, die die Phasen bestimmen, in die Tabelle ein.

Duftstoffpräparate	Zeit zur Duftentwicklung	Duftnoten
Kopfnote (Parfumspitze)		
Herznote (Bouquet)		
Basisnote (Parfumfond)		

6 Dekorative Kosmetikpräparate

6.1 Make-up-Grundierungen und Puder

1. Eine Kosmetikerin bietet der Kundin ein Tages-Make-up an. Die Kundin reagiert verunsichert: „Schadet das **Make-up** nicht meiner Haut?“

Beantworten Sie die Frage der Kundin, indem Sie ihr die Aufgaben der Make-up-Grundierung nennen.

2. Ordnen Sie den Inhaltsstoffen einer **Make-up-Grundierung** mit Pfeilen die entsprechenden Aufgaben zu.

Verdickungsmittel	gewährleisten die Stabilisierung der Grundierung.
Weiß- und Farbpigmente	machen die Grundierung geschmeidiger.
Pflanzenöle	garantieren eine gleichbleibende Konsistenz der Grundierung und verhindern, dass sich die Pigmente absetzen.
Emulgatoren	schützen die Grundierung gegen Zersetzung und mikrobiellen Verderb.
Feuchthaltefaktoren	bestimmen die Deckkraft der Grundierung.
Konservierungsmittel und Antioxidanzien	verhindern ein Austrocknen der Grundierung.

3. Zu Beginn der kosmetischen Behandlung führt die Kosmetikerin die Anamnese durch. Auf die Frage nach der Verwendung von kosmetischen Präparaten antwortet die Kundin: „Ich benutze eine Make-up-Grundierung, die auf meinen Hauttyp abgestimmt ist. Aber trotzdem glänzt meine Haut schon nach kurzer Zeit.“

Beraten Sie die Kundin, indem Sie ihr die **Vorzüge und Aufgaben von Puder** erläutern.

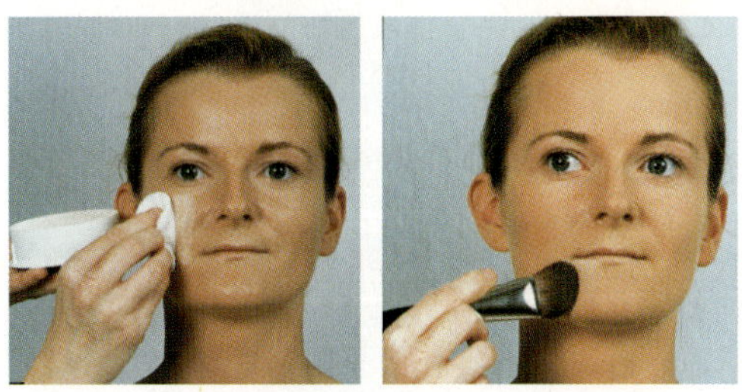

4. Entscheiden Sie, ob die folgenden Behauptungen über die Qualitätskriterien von Puder richtig oder falsch sind. Kreuzen Sie an.

Behauptung	richtig	falsch
Die Deckkraft von Puder beruht auf der Beimengung von Weißpigmenten.		
Ein unerwünschter Glanz auf der Haut wird durch bestimmte Zusätze verhindert, die Schweiß und Talg „aufsaugen".		
Das Haftvermögen von Puder beruht beispielsweise auf dem Zusatz von Vaseline oder Lanolin.		
Puder besitzen keinerlei kühlende Wirkung.		
Durch Perlglanzpigmente in einem Puder bekommt die Haut ein mattes Aussehen.		
Ein qualitativ hochwertiger Puder besitzt Körnchen ohne scharfe Ecken und Kanten.		
Ein hochwertiger Puder hat eine gute Streufähigkeit.		

5. **Pigmente** sind die wichtigsten Inhaltsstoffe fast aller dekorativen Kosmetikpräparate. Ergänzen Sie in der Tabelle den **Farbton** und die **Herkunft** folgender Pigmentarten:

Pigmentart	Farbton	Herkunft
Chromoxid 		
Fischsilber 		
Ocker 		
Perlglanz 		
Roter Bolus 		
Ruß 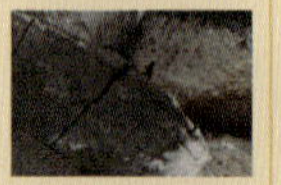		
Terra di Siena 		
Ultramarin 		
Umbra 		
Weißpigmente 		

6.2 Rouge bewirkt den Effekt von Frische im Gesicht

3

1. Nehmen Sie Stellung zu der Äußerung der Kundin, indem Sie auf die vorteilhaften optischen Wirkungen von **Rouge** hinweisen.

2. Ergänzen Sie die Tabelle über Rouge und seine Inhaltsstoffe.

Inhaltsstoffe von Puderrouge	Inhaltsstoffe von Cremerouge

3. Beschreiben Sie das **Auftragen von Rouge**, wenn die Gesichtsform optisch nicht verändert werden soll.

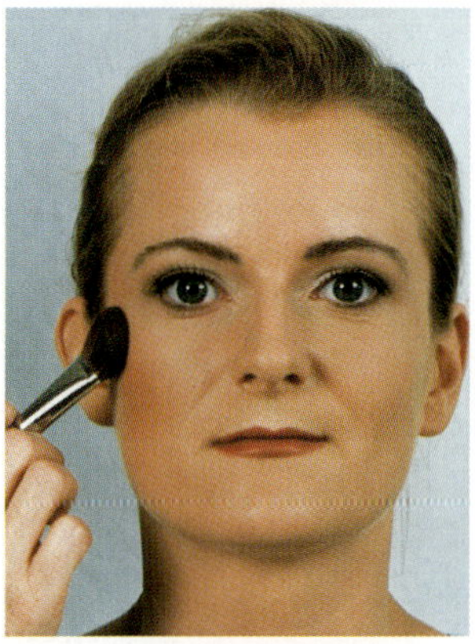

6.3 Lippen-Make-up

1. *Eine Kosmetikerin berät eine Kundin beim Kauf eines Lippenstiftes.*

Kundin: *„Diese Farbe gefällt mir sehr gut. Was kostet denn der Lippenstift?“*
Kosmetikerin: *„Dieser hochwertige Lippenstift für 8,40 Euro pflegt und schützt Ihre zarte Lippenhaut.“*
Kundin: *„Warum ist der Lippenstift so teuer? Hat er eine so hohe Qualität?“*

Erläutern Sie der Kundin die **Qualitätsmerkmale** eines hochwertigen Lippenstiftes.

3

2. Welche Inhaltsstoffe von Lippenstiften haben die folgenden Wirkungen?

Wirkungen	Inhaltsstoffe
Sie verhindern das Austrocknen, erhöhen die Hautfeuchtigkeit und die Haftung der Pigmente und aktivieren den Zellstoffwechsel.	
Es erhöht die Haftung der Wachsmasse auf den Lippen und verbessert dadurch die Pflegeeigenschaften des Stiftes.	
Sie färben die Lippenhaut kräftig und dauerhaft an, für „kussechte“ Lippenstifte.	
Sie verhindern die bakterielle Zersetzung und das Ranzigwerden der Öle und Wachse.	
Es erhöht die Konsistenz und den Schmelzpunkt des Stiftes.	
Es gibt dem Stift Glanz und erhöht die Geschmeidigkeit des Stiftes beim Auftragen.	
Es verbessert die Bruchfestigkeit des Stiftes und erhöht seine Konsistenz.	
Sie verhindern die schädigende Einwirkung des Sonnenlichts auf die zarte Lippenhaut.	

7 Nagelkosmetika

1. Erläutern Sie: Welche Aufgaben haben **Nagellacke**?

____

____

____

____

____

2. Beim Verkaufsgespräch sollte die Kosmetikerin nicht nur die Farbauswahl berücksichtigen, sondern auch mit den (besonderen) Wirkungen der Inhaltsstoffe überzeugen. Ordnen Sie folgende **Inhaltsstoffe von Nagellacken** in der Tabelle richtig zu:
   - **Filmbildner (z. B. Cellulosenitrat)**
   - **Harze (natürlich oder synthetisch hergestellt)**
   - **Lösungsmittel (z. B. Alkohole wie Butanol und Propanol)**
   - **Metallplättchen oder -kugeln**
   - **Pigmente/Farbstoffe**
   - **Thixotropiermittel (= Mittel zur Veränderung der Fließeigenschaften von Flüssigkeiten, z. B. Betone, kolloidale Kieselsäure)**

Wirkung und Argumentationshilfen	Inhaltsstoffe
Sie verleihen dem Nagellack die schöne Farbe, den Glanz, sowie irisierende Effekte.	
Sie bilden einen schönen gleichmäßigen Lackfilm auf der Nagelplatte.	
Sie verstärken die Haftung des Lacks auf der Nagelplatte. Außerdem bewirken sie den Glanz des Lacks.	
Sie lösen die verschiedenen Inhaltsstoffe im Lack. Außerdem hängt von ihnen die gewünschte Haftungs- und Härtungsdauer des Lacks nach dem Auftragen ab.	
Sie erleichtern das gleichmäßige Auftragen des Lacks auf die Nagelplatte. Außerdem sorgen sie dafür, dass der Nagellack lange verwendet werden kann, indem sie die vorzeitige Sedimentation (das Absetzen) der Farbstoffe in der Nagellackflasche verhindern.	
Sie helfen beim Verflüssigen des Lacks durch Schütteln der Nagellackflasche.	

3. **Nagellackentferner**: Welche Produktformen sind Ihnen bekannt?

____

____

____

4. **Nagelhärter**: Welche Aufgaben erfüllen sie?

____

____

____

____

3

8 Lichtschutzpräparate

1. *„Ich bekomme immer erst einen Sonnenbrand, während meine Freundin sofort knackig braun wird. Wie kann ich ohne Sonnenbrand wenigstens ein bisschen braun werden?"*

   Antworten Sie der Kundin in direkter Rede.

2. Welche **Schutzmechanismen** entwickelt die Haut gegenüber der UV-Strahlung?

   •
   •
   •

3. Beschreiben Sie die folgenden Hauttypen und ihre Reaktion auf **UV-Strahlung**!

Hauttyp	Haut- und Haarfarbe		erste Reaktion	Bräunung
I	Haut: Haare:			
II	Haut: Haare:			
III	Haut: Haare:			
IV	Haut: Haare:			

4 Ganzheitskosmetik

1 Voraussetzungen für kosmetische Behandlungen

1.1 Erscheinungsbild der Kosmetikerin

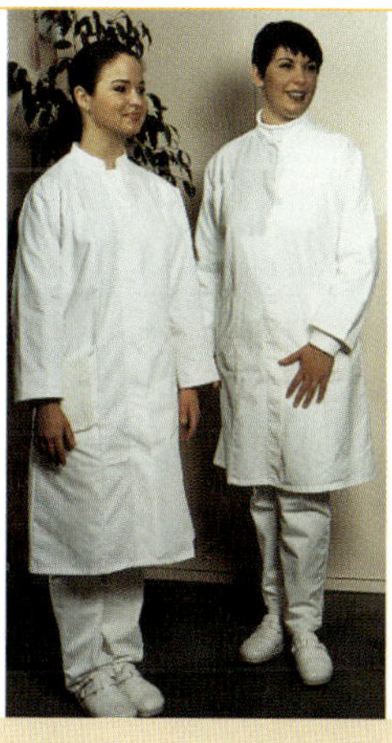

Überprüfen Sie mithilfe der Checkliste Ihr äußeres **Erscheinungsbild** und Ihre Umgangsformen im Kosmetikinstitut.

Kreuzen Sie jeweils an:	**Muss verbessert werden!** ☹	**O.k.** 😐	**Vorbildlich!** ☺
Ich vermittle einen positiven ersten Eindruck.			
Meine Mundhygiene ist vorbildlich (Zahnpflege, kein Mundgeruch ...).			
Meine Haut ist gepflegt.			
Ich trage ein gepflegtes, natürlich wirkendes Tages-Make-up.			
Meine Haare sind nicht nur sauber und gekämmt, sondern frisiert.			
Ich trage saubere (gebügelte) Arbeitskleidung.			
Meine Hände sind angenehm weich und gepflegt.			
Meine Fingernägel sind sauber, kurz und manikürt.			
Ich bin zu allen Kunden und Kollegen freundlich und zeige ihnen so meine Wertschätzung und meinen Respekt.			
Ich habe heute häufig (und ehrlich) gelächelt.			
Ich wirke nicht arrogant.			
Ich verhalte mich nicht unterwürfig.			
Ich wirke fit und aufgeschlossen.			
Ich habe vor und nach der Behandlung sowie bei Beratungs- und Verkaufsgesprächen häufig Blickkontakt mit den Kunden.			
Die Lautstärke meiner Stimme ist der Situation jeweils angemessen.			
Ich spreche natürlich, deutlich und in ganzen, vollständigen Sätzen.			
Ich variiere meine Sprechgeschwindigkeit und mache meine Sprache dadurch lebendig.			
Ich kann verständlich erklären und präzise formulieren.			
Ich mache während des Sprechens kurze Pausen, um eine entspannte Gesprächsatmosphäre zu schaffen.			
Ich habe eine positive Grundeinstellung.			
Ich habe Freude an der Arbeit mit Kunden und Kollegen.			
Ich will im Kosmetikberuf erfolgreich sein, bin mir meiner Schwächen bewusst, will besser werden und dazulernen.			

1.2 Umgang mit Kunden

1. Kunden sollen sich im **Kosmetikinstitut** entspannen. Das können sie nur, wenn sie sich richtig wohlfühlen.
Nennen Sie Maßnahmen, die eine behagliche Atmosphäre schaffen.

2. Behandlungserfolg und Verkaufserfolg hängen entscheidend von den Gefühlen der Kunden während des Aufenthaltes ab. Welche Erwartungen haben Kunden an den **Kosmetikraum**?

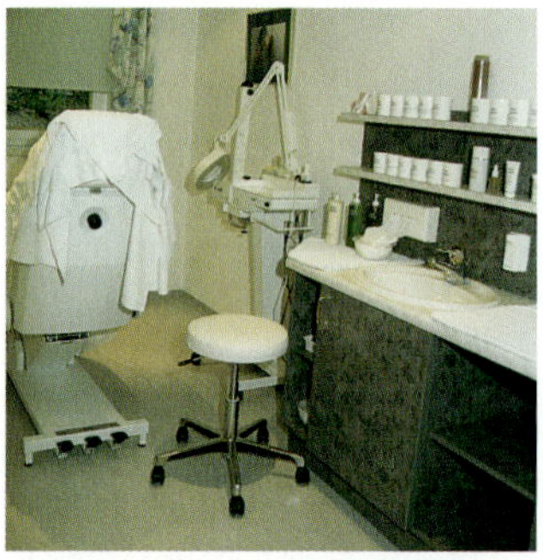

4

3. Die Kundin soll sich von Anfang an im Kosmetikinstitut willkommen fühlen. Was können Sie während der Begrüßung zum „Aufwärmen" sagen? Formulieren Sie Beispiele in direkter Rede.

Anlass	Frage oder Bemerkung
Freude der Begegnung	
Befinden der Kundin	
Anreise oder Wetter	
bei der Garderobe behilflich sein	

2 Die Gesichtsbehandlung

2.1 Intensivreinigungen

1. Die Abbildungen zeigen den Ablauf einer Intensivreinigung. Ordnen Sie folgende Tätigkeiten in der richtigen Reihenfolge von 1 bis 4.

_______ 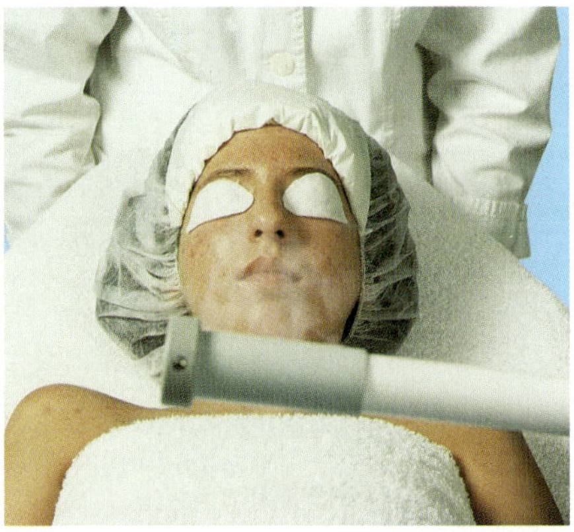

_______ 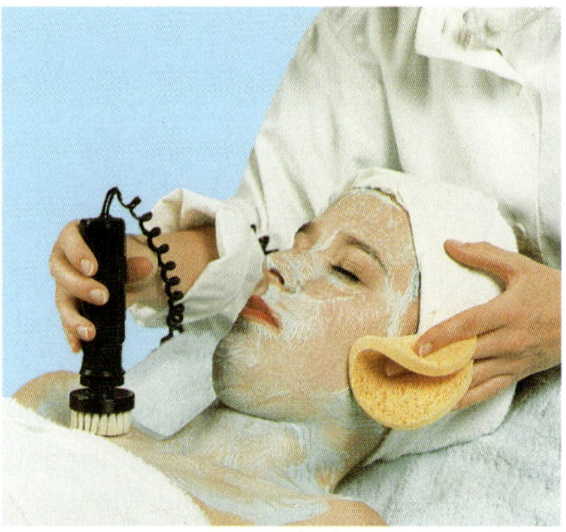

_______ 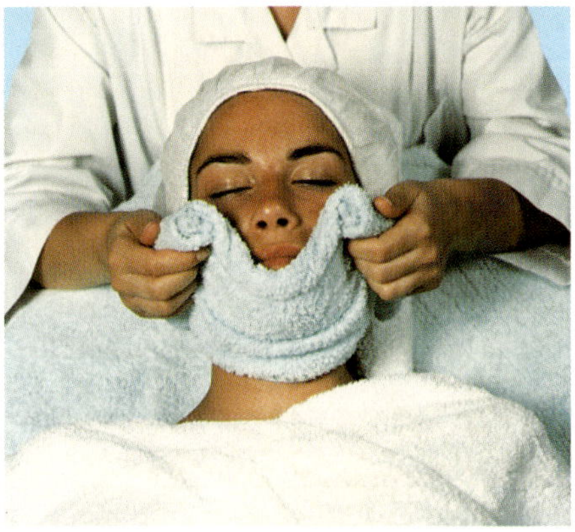

_______ 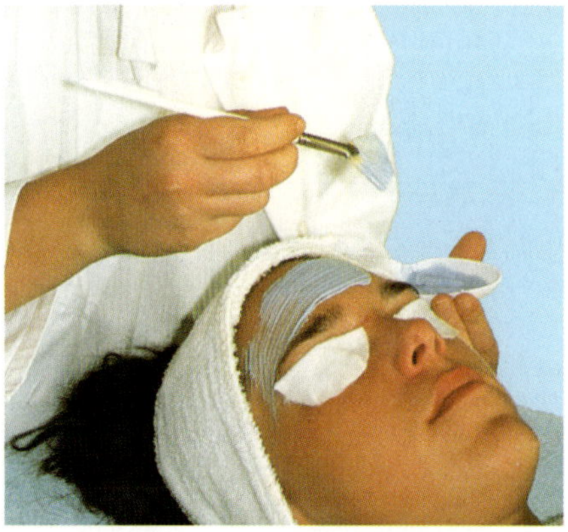

2. Beschreiben Sie den Ablauf der Intensivreinigung und begründen Sie die einzelnen Arbeitsschritte.

1: ______________________________

____

____

2: ______________________________

____

____

3: ______________________________

____

____

____

4: ______________________________

____

2.2 Die Gesichtsmassage

1. Warum ist die **manuelle Gesichtsmassage** das „A“ und „O“ einer kosmetischen Behandlung? Ergänzen Sie beabsichtigte Wirkungen.

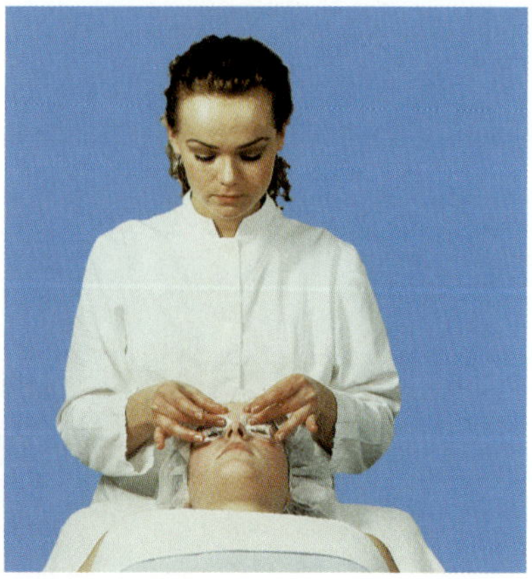

2. Die Gesichtsmassage wirkt auf die Haut und die mimische Muskulatur unter der Gesichtshaut. Haut und Muskeln sind durch das Bindegewebe mit den Knochen des Gesichts- und des Gehirnschädels verbunden. Deshalb sollten Sie wissen, welche **Knochen** sich unter der Haut befinden und wie die mimische Muskulatur von den Knochen in die Haut ausstrahlt. Beschriften Sie das Schädelskelett!

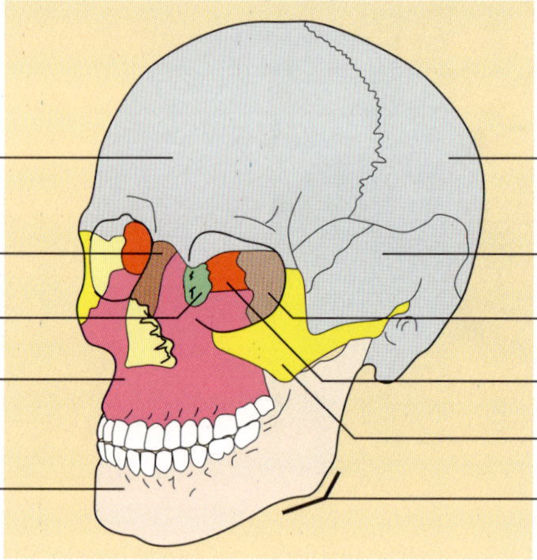

3. Beschriften Sie die einzelnen Muskeln der **Gesichtsmuskulatur**.

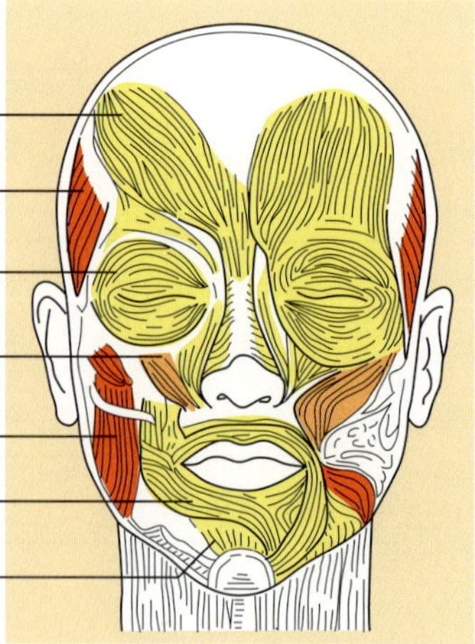

4. Warum zählt der **Kaumuskel** nicht zu den mimischen Muskeln?

5. Die Bewegungen der Gesichtsmassage sollen immer in Richtung der **Spaltlinien** verlaufen.
   Was bedeutet das?

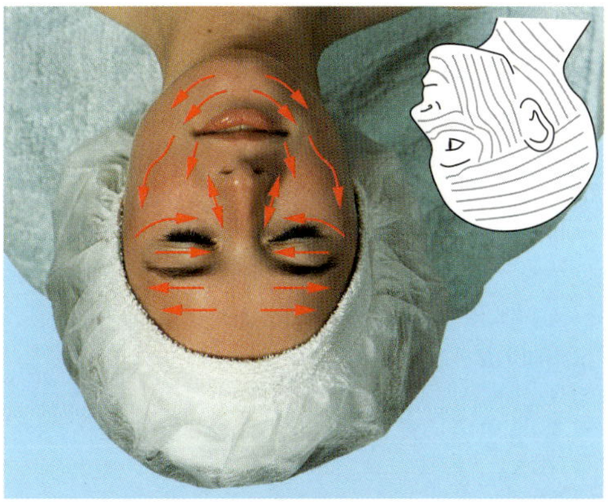

6. Heidis Chefin sagt, die Gesichtsmassage sei eine Möglichkeit, **Wirkstoffe** tiefer in die Epidermis (Oberhaut) einzubringen. Begründen Sie diese Aussage.

7. **Massagecremes und -öle** dienen nicht nur dem Wirkstofftransport.
   Warum benutzt man sie in erster Linie?

8. Ordnen Sie folgende **Inhaltsstoffe von Massagecremes** richtig zu, indem Sie Pfeile von der linken Seite zu den rechts aufgelisteten Rohstoffen ziehen!

Bienenwachs	ätherische Öle
Lecithin	Mineralöle
Vitamine	Emulgatoren
Paraffinöl	Wachse
Orangenöl	Wirkstoffe

2.3 Die Grundhandgriffe der Massage

1. Je nach Druck, Lage und Haltung der Finger und Hände beim Massieren gibt es zahlreiche Varianten der Massage. Trotzdem kann man bei jeder Massage fünf **Grundhandgriffe** unterscheiden.
   Beschreiben Sie die folgenden Massagegriffe und geben Sie jeweils ihre Wirkung an.

Ausstreichen:

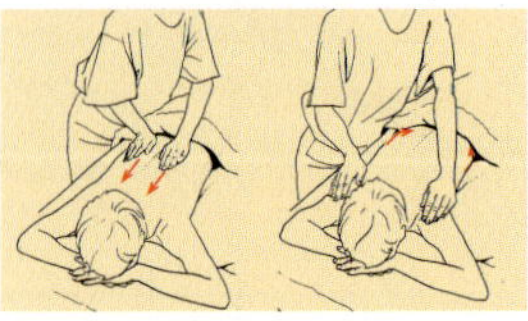

Friktionen:

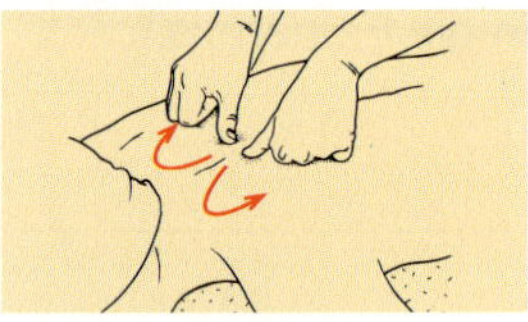

Der Knetgriff:

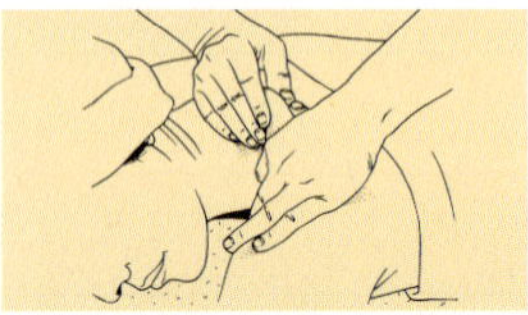

Der Klopfgriff:

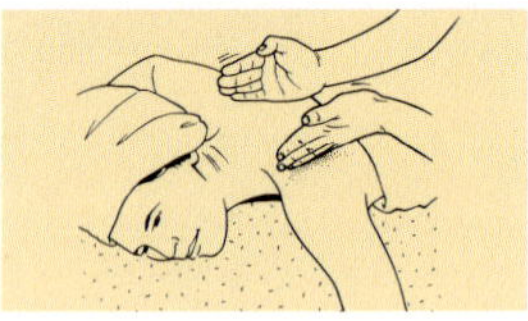

Die Vibration:

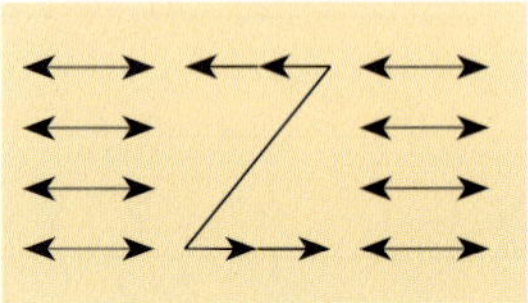

2. Die Hauptmassagegriffe können nicht nur bei der klassischen Gesichtsmassage, sondern auch bei der **Hand- und Unterarmmassage**, der **Fußmassage** und bei der Ganzkörpermassage durchgeführt werden. Beschreiben Sie jeweils den dargestellten Massagegriff.

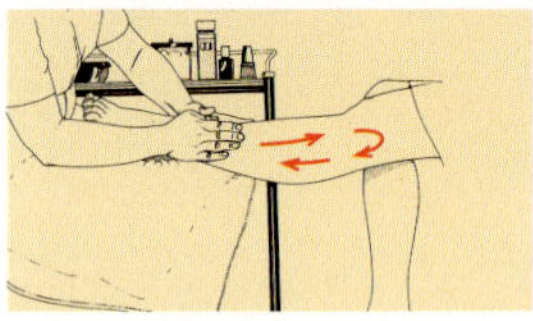

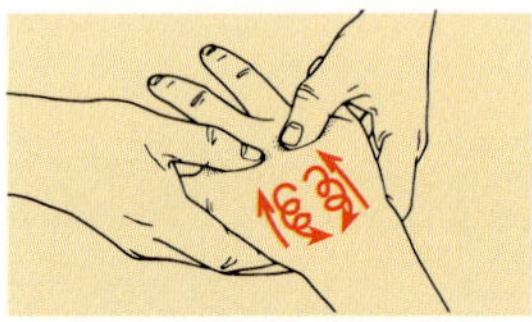

2.4 Behandlungen der Augenpartie

1. Mit welchen Argumenten können Sie eine Kundin davon überzeugen, **Wimpern und Augenbrauen färben** zu lassen?

____

____

____

2. a) Erklären Sie die Schritte beim **Wimpernfärben** mithilfe der Fotos.

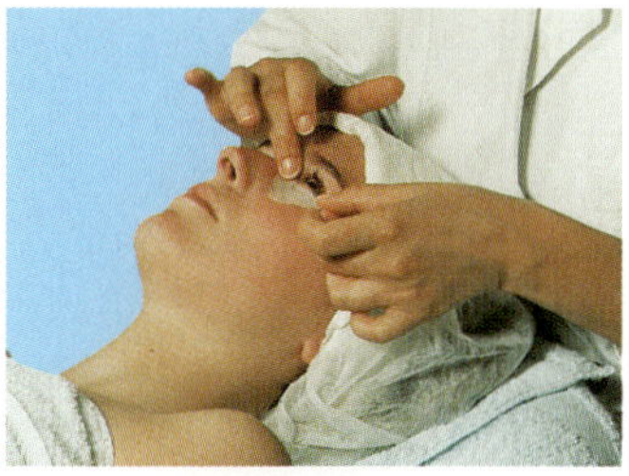

____

____

____

____

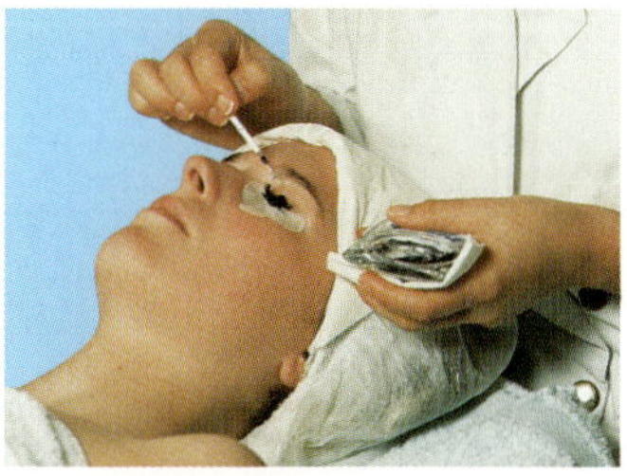

____

____

____

____

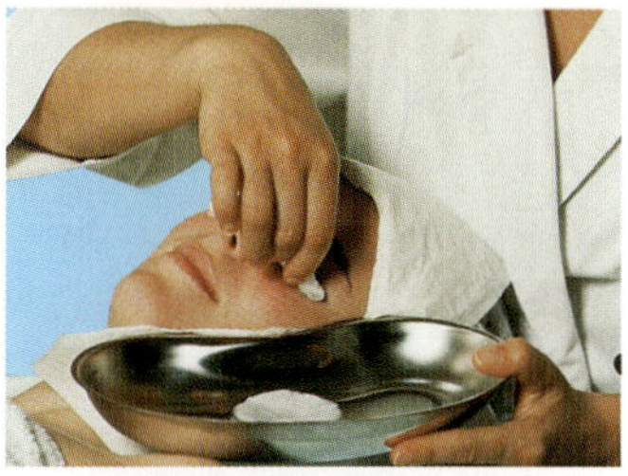

____

____

____

____

b) Welche **Arbeitsmaterialien** gehören zu den angegebenen Tätigkeiten?

Tätigkeit	Arbeitsmaterial
A: Auswaschen der Wimpernfarbe	
B: Auftragen der Wimpernfarbe	
C: Zuschneiden der Wattepads	
D: Anmischen der Farbe	
E: Einfetten der Haut	

c) Ordnen Sie die **Arbeitsschritte** aus Aufgabe 2b in richtiger Reihenfolge.

1. ______, 2. ______, 3. ______, 4. ______, 5. ______

3. Wie sehen klassische **Augenbrauen** aus?

4. Wie können Sie den Ansatz- und Endpunkt der **Augenbrauen** feststellen?

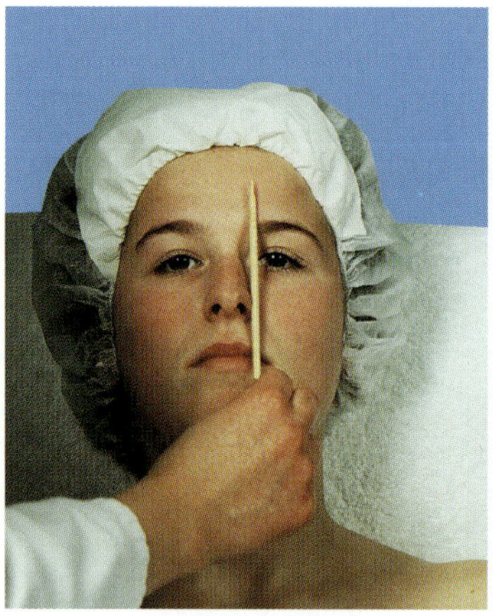
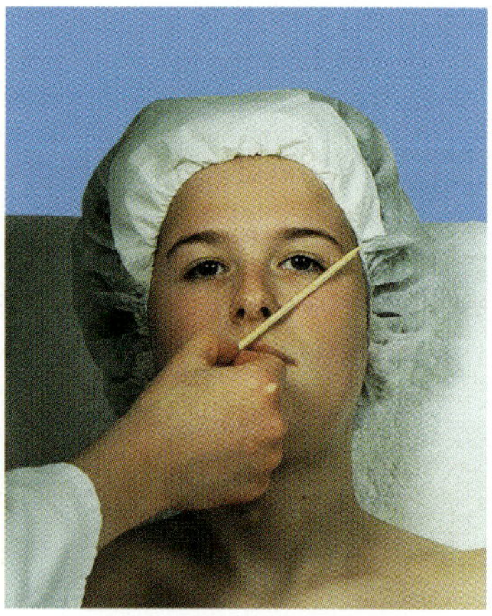

5. Was ist beim **Zupfen mit einer Pinzette** zu beachten?

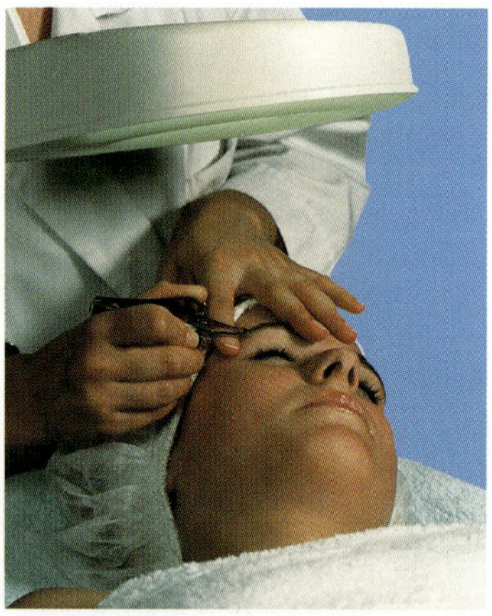

6. Ältere Menschen weisen häufig ein verstärktes **Haarwachstum im Gesicht** auf. Mit welchen Methoden entfernen Sie folgende Gesichtsbehaarung?

lange, borstige Augenbrauen:

Ohren- und Nasenhaare:

Haarwuchs auf Warzen und Leberflecken:

Damenbart:

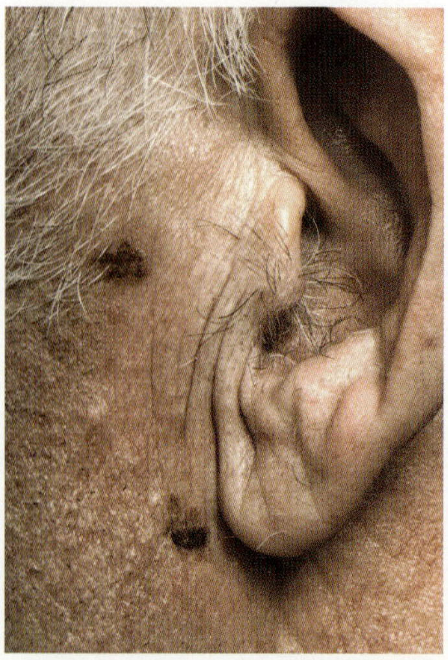

2.5 Masken, Packungen und Modellagen

1. Kreuzen Sie die richtigen Aussagen zu **Masken**, **Packungen und Modellagen** an.

   (A) Um den beruhigenden Effekt einer Packung zu verstärken, kann die Haut während der Einwirkzeit mit Blaulicht bestrahlt werden.

   (B) Manche Packungen müssen mit einer Mullkompresse abgedeckt und mit Kompressen oder mit Wasserdampf feucht gehalten werden.

   (C) Vlies-Masken und Abziehmasken sind eigentlich keine Masken, weil sie keinen Wärme- und Feuchtigkeitsstau bewirken.

   (D) Gips-Modellagen wirken kühlend und beruhigend auf die Haut.

   (E) Filmbildende Abziehmasken sind oft adsorbierende Reinigungspräparate.

   (F) Die Paraffinmaske besteht hauptsächlich aus Bienenwachs.

2. Die Abbildungen zeigen die **Anwendung einer Paraffinmaske**.
   a) Ordnen Sie folgende Arbeitsschritte in der richtigen Reihenfolge von 1 bis 4.

Schritt ________

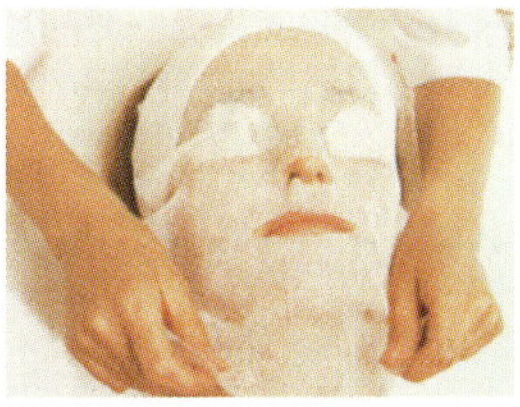
Schritt ________

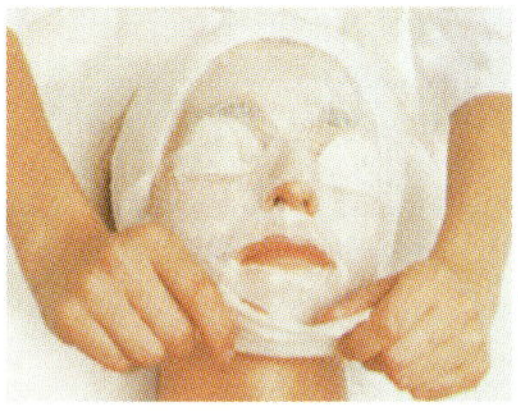
Schritt ________

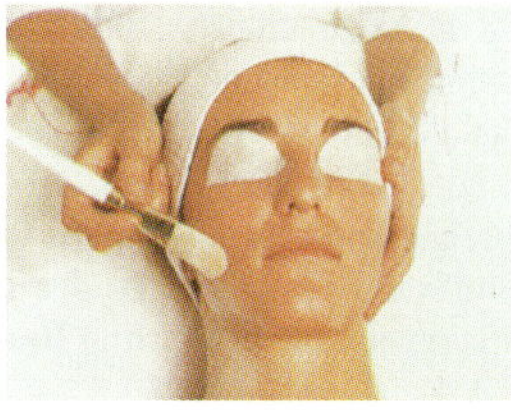
Schritt ________

   b) Beschreiben Sie die Arbeitsschritte.

   Schritt 1: ____________________

   ____

   Schritt 2: ____________________

   ____

   Schritt 3: ____________________

   ____

   Schritt 4: ____________________

   ____

3. Informieren Sie eine Kundin über die **Modellage**. Benutzen Sie den kundenfreundlichen Sie-Stil.

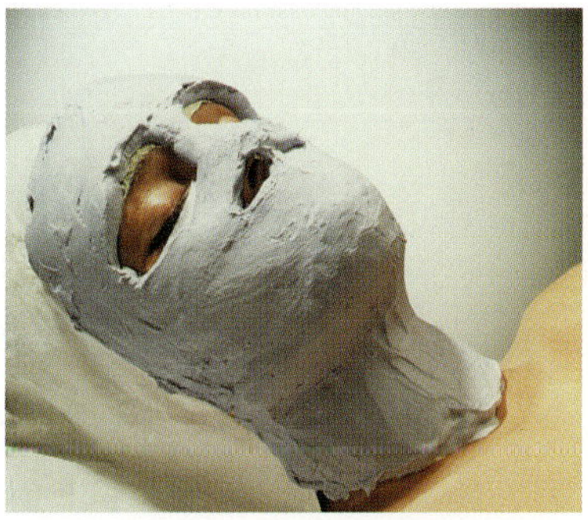

   ____

   ____

   ____

   ____

   ____

   ____

2.6 Behandlungsabschluss

1. Warum wird zum **Behandlungsabschluss** ein Gesichtswasser mit Wattepads aufgetragen oder als feiner Nebel auf die Haut gesprüht?

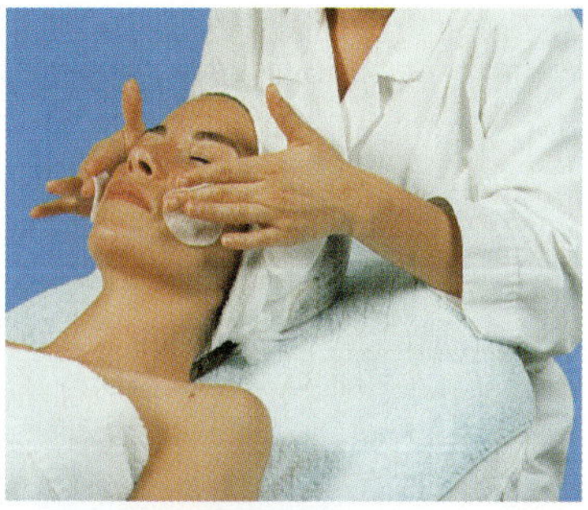

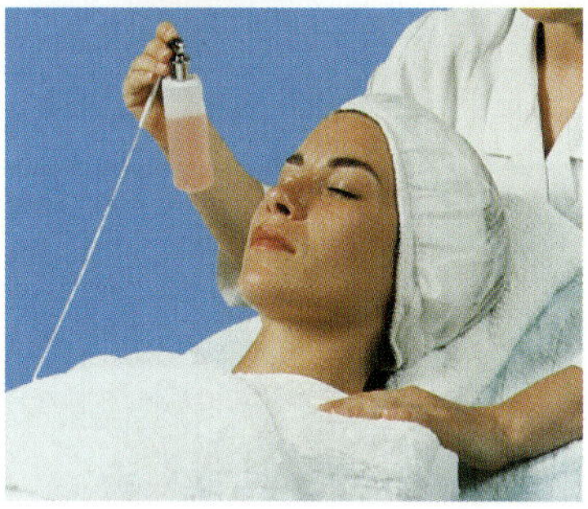

4

2. Vanessa sagt, ein Gesichtswasser liegt im sauren **pH-Wert-Bereich**. Was bedeutet das?

3. Ergänzen Sie in der Tabelle die folgenden Inhaltsstoffe oder Wirkungen von **Gesichtswasser**.

Inhaltsstoffe	Wirkung
	lösen Fette, kühlen, desinfizieren ab 50 %
destilliertes Wasser	
Aniontenside (Syndetlösung)	
	entquellen und adstringieren die Haut
Aromastoffe, ätherische Öle	
	erfrischen, kühlen, fördern die Durchblutung
Azulen, Bisabolol, Panthenol	
Kationtenside, Antiseptika	

3 Zusatzbehandlung: Entfernen störender Behaarung

1. Das Wollhaar ist die kürzeste Haarart am Körper. Veränderungen des normalen Haarwachstums können hormonell bedingt oder eine Folgeerscheinung nach der Einnahme bestimmter Medikamente sein. Man unterscheidet bei der Frau die Hypertrichose und den Hirsutismus. Erklären Sie diese Begriffe.

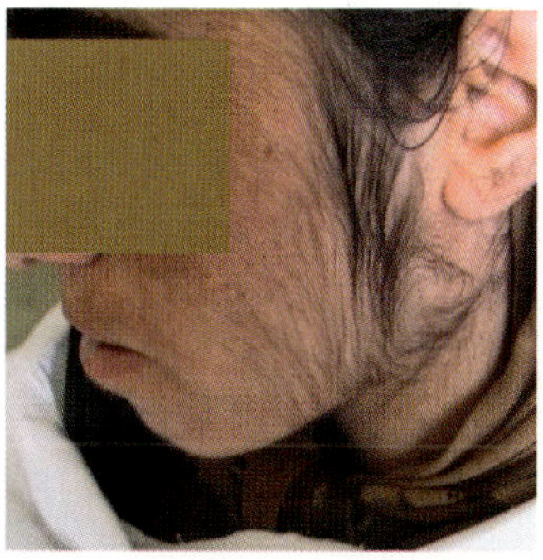

Hypertrichose

Hirsutismus bei der Frau

2. Warum gilt der **Hirsutismus** bei der Frau als Krankheit, beim Mann aber nicht?

3. Welche **Methoden der Haarentfernung** bieten sich jeweils an?

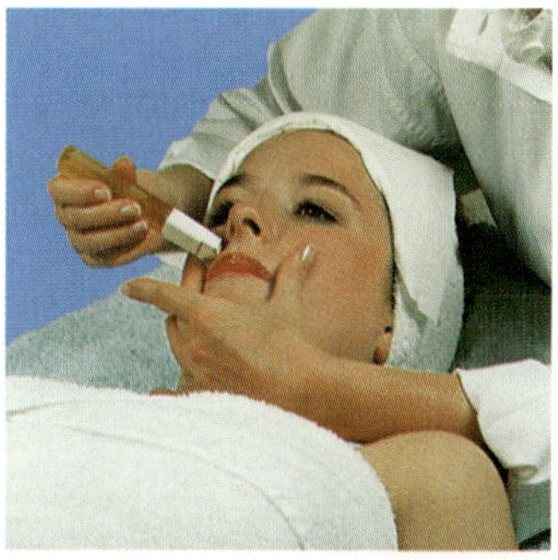

behaarte Unterschenkel:

Damenbart:

starke Augenbrauen:

behaarte Naevi:

Achselbehaarung:

Schambehaarung:

4. Beschreiben Sie die Wirkungsweisen der folgenden Mittel und Methoden zum Entfernen störender Behaarung.

Mittel/Methode: **Enthaarungscreme** | **Warm-/Kaltwachs** | **Epilation**

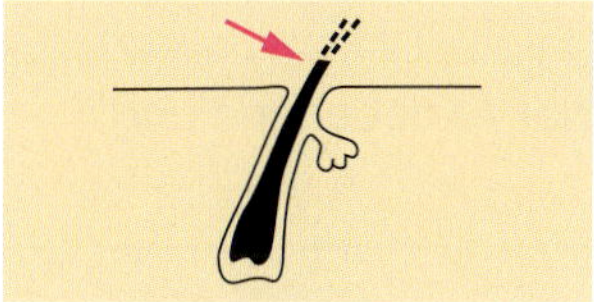

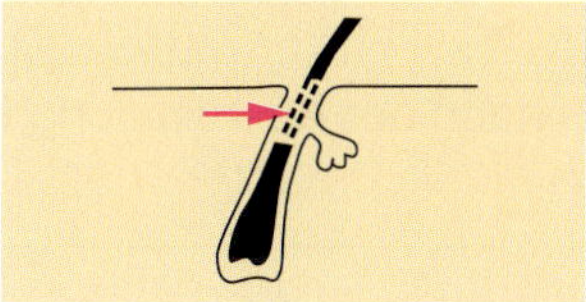

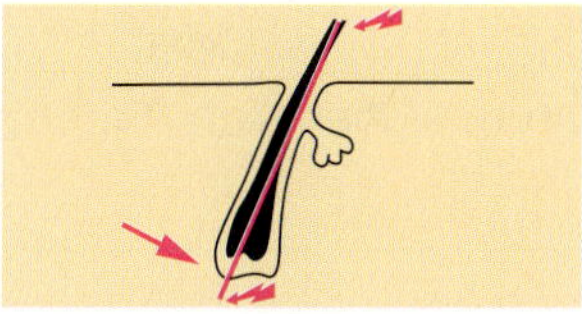

Wirkungsweisen:

4

4 Spezialbehandlungen

4.1 Die Behandlung der seborrhöischen Problemhaut und Akne

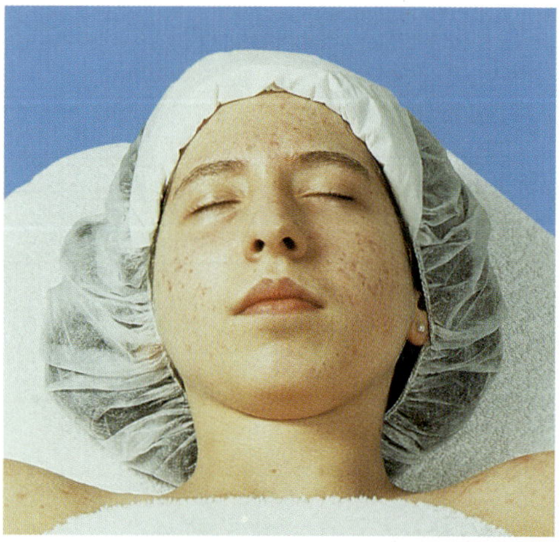

1. **Akne** ist eine Erkrankung der Talgdrüsenfollikel. Sie kommt bei einem seborrhöischen Hauttyp vor und hängt mit der hormonellen Umstellung in der Pubertät zusammen. Aber nicht jeder Jugendliche bekommt Akne. Kreuzen Sie die Faktoren an, die zur Ausprägung einer Akne führen.
   - (A) Genetische Disposition (Veranlagung)
   - (B) Hautreinigung mit Seife
   - (C) Fettiges Essen
   - (D) Solariumbesuche
   - (E) Seborrhö
   - (F) erhöhter Androgenspiegel
   - (G) Überverhornung der Follikelwände
   - (H) vergrößerte Talgdrüsen

4

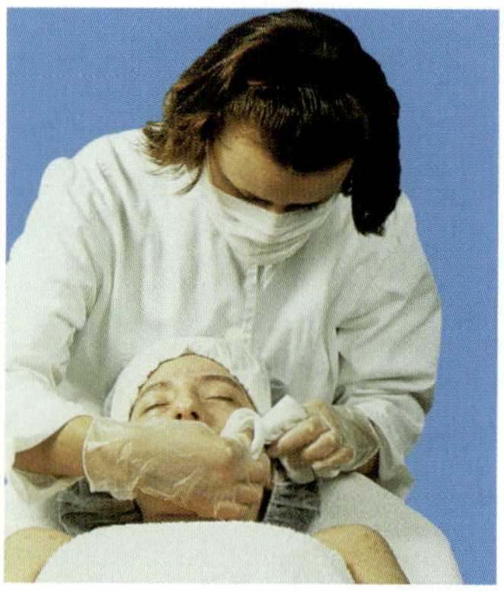

2. Welche Maßnahmen müssen Sie aus Hygienegründen und zum Schutz vor Infektionen beim **Entfernen von Hautunreinheiten** beachten?

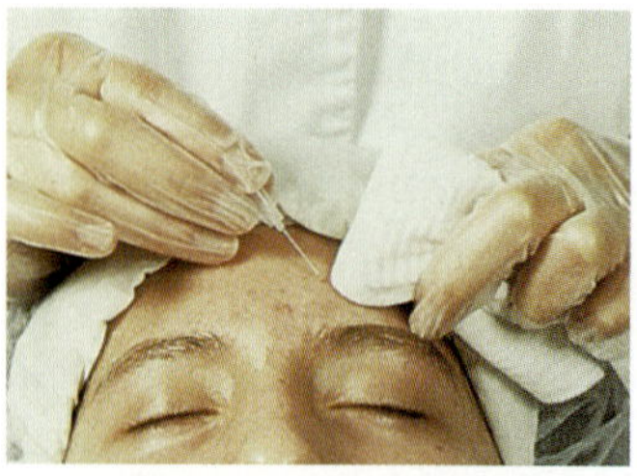

3. Nennen Sie kosmetische Maßnahmen, die das **Entfernen von Hautunreinheiten** erleichtern.

4. Warum eignen sich **Packungen** nach der Ausreinigung bei der Aknebehandlung?

4 Die Behandlung der Altershaut

1. Nadines Chefin sagt, ab dem 25. Lebensjahr beginne der **Alterungsprozess**. Nadine könne gar nicht früh genug anfangen, einer vorzeitigen Hautalterung vorzubeugen. Was muss Nadine beachten?

Madonna mit 50 Jahren

gesunde, vollwertige Ernährung

Vorbeugen einer frühzeitigen Hautalterung

2. Nennen Sie verschiedene **Kennzeichen der Altershaut**.

3. Unterstreichen Sie die kosmetischen Maßnahmen, die sich nicht für die **Pflege der Altershaut** eignen.

Vitamin-Lecithin-Packung, Bienenwachsmaske, Abschleifen der Haut, Modellagen, Schälkur, Gelee Royale-Ampullen, Solariumbestrahlung, warme Kräuterkompressen, Enzym-Peeling, Knet- und Walkmassagen, Seesand-Peeling, heiße Schaumbäder

5 Pflegen und Gestalten der Hände und Nägel

1 Die Maniküre

1. Im Beratungsgespräch erfahren Sie von einer Kundin, dass sie nur wenig Zeit für die Pflege und Gestaltung ihrer Hände aufwendet.

   Mit welchen Argumenten können Sie die Kundin von einer **Maniküre** überzeugen? Argumentieren Sie in direkter Rede.

   ____
   ____
   ____
   ____
   ____

2. Bringen Sie die **Arbeitsschritte der Maniküre** in die richtige Reihenfolge:
   Handmassage, Entfernen der Nagelhaut, Entlacken der Nägel, Anwendung eines Nagelpflege-Präparates, Lackieren der Nägel, Beurteilen der Hände und Nägel, Kürzen und Formen der Nägel, Polieren der Nägel, Nagelbad

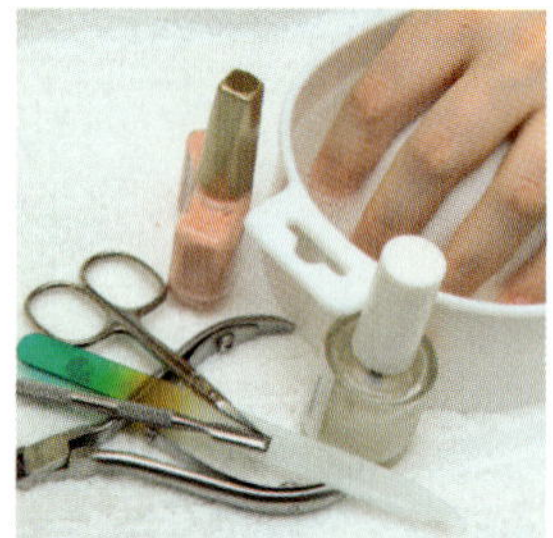

   ① ______________________________
   ② ______________________________
   ③ ______________________________
   ④ ______________________________
   ⑤ ______________________________
   ⑥ ______________________________
   ⑦ ______________________________
   ⑧ ______________________________
   ⑨ ______________________________

5

3. Die **Hautoberfläche** der Handinnenflächen und des Handrückens ist unterschiedlich aufgebaut.
   a) Drücken Sie Ihre Fingerkuppen auf ein Stempelkissen und fertigen Sie **Fingerabdrücke** im Kästchen „Leistenhaut“ an. Vergleichen Sie (am besten mit einer Lupe) die Abdrücke mit denen Ihrer Mitschüler. Was erkennen Sie?

   ____
   ____
   ____

   Fingerabdruck der Leistenhaut

   b) Erklären Sie den Unterschied zwischen **Felderhaut** und **Leistenhaut**.

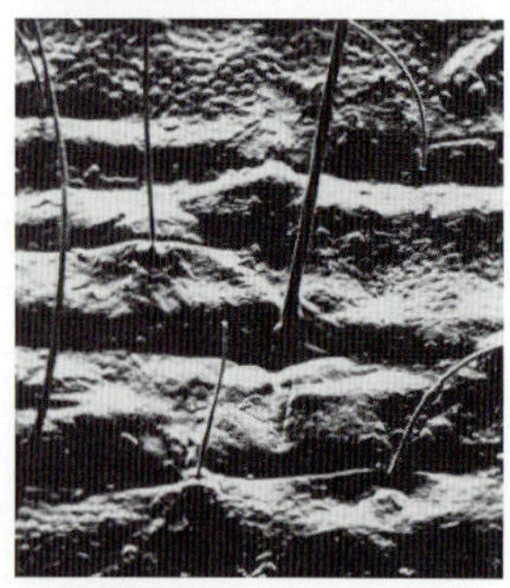

Felderhaut

   ____
   ____
   ____
   ____
   ____
   ____
   ____
   ____
   ____
   ____

4. Benennen Sie die abgebildeten **Nagelveränderungen**.

A 

____

B 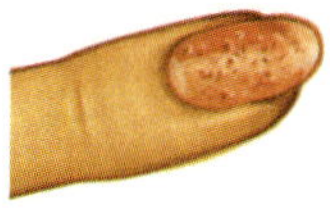

____

C 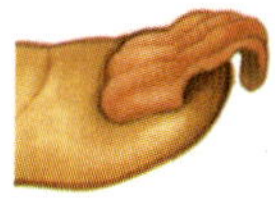

____

D 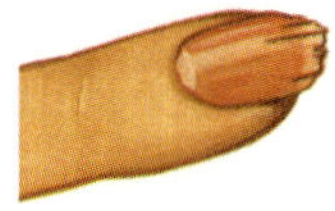

____

E 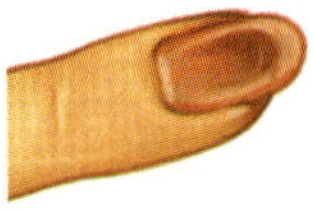

____

F 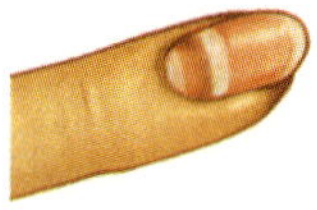

____

G 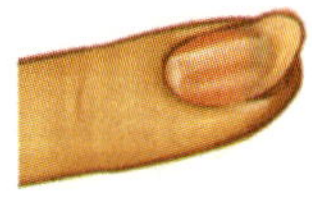

____

5. Ordnen Sie die Beschreibungen und Ursachen den entsprechenden **Nagelveränderungen** zu. Tragen Sie dafür den richtigen Buchstaben aus Aufgabe 1 ein.

Veränderung	Buchstabe
Die Nagelplatte zeigt „Grübchen“. Diese Nagelveränderung ist häufig Begleiterscheinung einer Psoriasis.	________
Die Nagelplatte fühlt sich streifig und rau an und splittert häufig. Diese Nagelveränderung kann durch mechanische Einwirkungen, bei Durchblutungsstörungen und mit zunehmendem Alter auftreten.	________
Bei dieser Nagelveränderung handelt es sich meist um eine normale Alterserscheinung. Weitere Ursachen können Durchblutungsstörungen, Einwirkungen von Chemikalien oder Eisenmangel sein.	________
Infektionen im Nagelbereich, z. B. Pilzinfektionen, und die Einwirkung von Waschmitteln und Alkalien verursachen diese Nagelveränderung.	________
Diese Nagelveränderung kann durch mechanische Einwirkungen, z. B. Druck, oder durch Durchblutungsstörungen hervorgerufen werden. Die Nägel sind außergewöhnlich hart, verdickt und verformt.	________
Durch häufige Einwirkungen von Wasser und Chemikalien und eine falsch ausgeführte Maniküre splittert die Nagelplatte und reißt vom Rand her ein.	________
Auf der Nagelplatte verlaufen Rillen unterschiedlicher Länge und Breite. Sie können durch Verletzungen und Quetschungen der Nagelmatrix entstanden sein. Eine weitere Ursache ist das unsachgemäße Entfernen der Nagelhaut.	________

5

6. Beim Betrachten und Beurteilen der Fingernägel werden auch **Nagelverfärbungen** berücksichtigt. Benennen Sie die Ursachen der folgenden Nagelverfärbungen und beschreiben Sie Ihr Verhalten.

Die Nagelplatte ist gelblich verfärbt und stark verdickt. Unterhalb der Nagelplatte befinden sich aufgelöste Nagelbestandteile: ______________________________

____

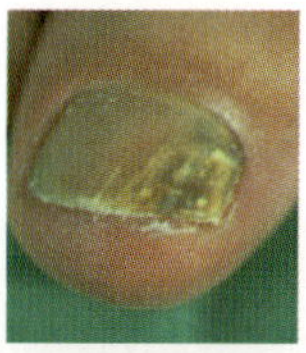

Die schwarzbraune Verfärbung schimmert durch die Nagelplatte hindurch: ____________

____

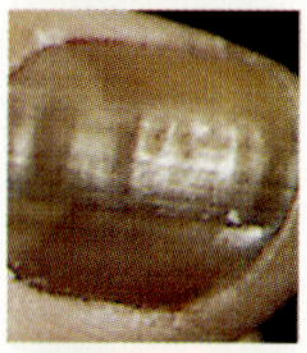

Der Nagelwall ist sichtbar gerötet und geschwollen: ______________________

____

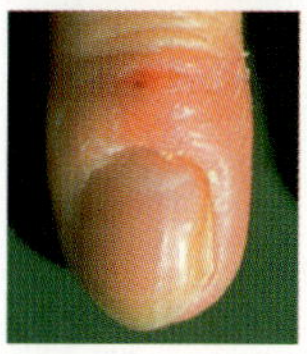

7. Entscheiden Sie, ob die Behauptungen zur **Maniküre** richtig oder falsch sind. Kreuzen Sie an.

Behauptung	richtig	falsch
Das Nagelbad dient zum Erweichen der Nagelhaut.		
Zum Entlacken der Nägel klemmt man das Wattepad zwischen Mittelfinger und Ringfinger.		
Nagelhautentferner sind nur schwach alkalisch.		
Nagelhautreste entfernt man vorsichtig mit der Nagelhautzange.		
Die Nägel werden immer in einem 45°-Winkel gefeilt.		
Das mit Nagellackentferner getränkte Wattepad wird leicht nach rechts und links und dann Richtung Nagelspitze bewegt.		
Die Nagelhaut soll immer geschnitten werden.		
Beim Feilen der Nägel wird die Nagelfeile immer hin und her bewegt.		
Eine stark ausgeprägte Nagelhaut kann durch Nagelhautentferner erweicht werden.		
Nagelöle und Nagelcremes glätten die Nägel und füllen durch einen festen Überzug die Risse in der Nagelplatte aus.		
Nagelhautzange und Nagelhautschere werden nach dem Gebrauch im Tauchbad desinfiziert.		

8. Beschriften Sie die abgebildeten **Nagelpflegeinstrumente**.

9. Benennen Sie die folgenden Massagegriffe einer **Handmassage**.

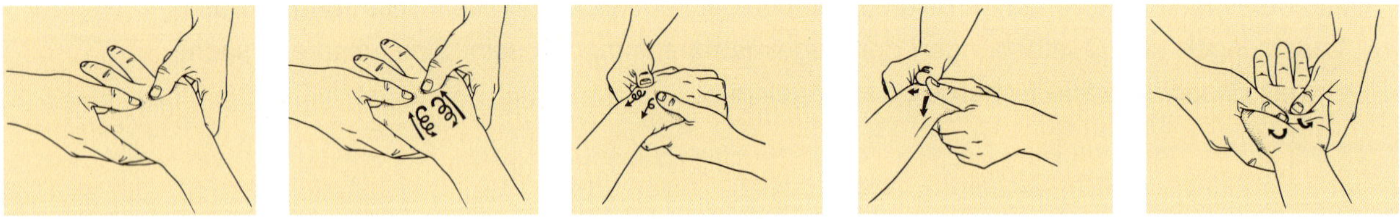

10. Bei der Begrüßung fallen Ihnen die rauen und rissigen Hände der Kundin auf. In der Kosmetikkabine sprechen Sie das Problem an:
Kosmetikerin: „Frau Müller, benutzen Sie eine Creme für Ihre Hände?“
Frau Müller: „Ja, ab und zu, aber ich mag es nicht, wenn meine Hände sich so fettig anfühlen.“
Kosmetikerin: „Ja, ich verstehe. Aber der Fettfilm muss nicht sein. Ich empfehle Ihnen …“

Mit welchen Argumenten können Sie die Kundin vom **Kauf eines Handpflegeproduktes** überzeugen? Führen Sie das Beratungsgespräch in direkter Rede fort:

2 Polieren und Lackieren der Fingernägel

1. Während der Maniküre empfiehlt eine Kosmetikerin: „Wir können Ihre Nägel zum Abschluss der Maniküre passend zu Ihrem neuen Kleid lackieren.“ Kundin: „Das ist nichts für mich, ich mag keine angemalten Nägel.“

   a) Nennen Sie der Kundin Alternativen zu farbig lackierten Fingernägeln.

   ____

   ____

   ____

   b) Erklären Sie der Kundin die Technik der **French Manicure**.

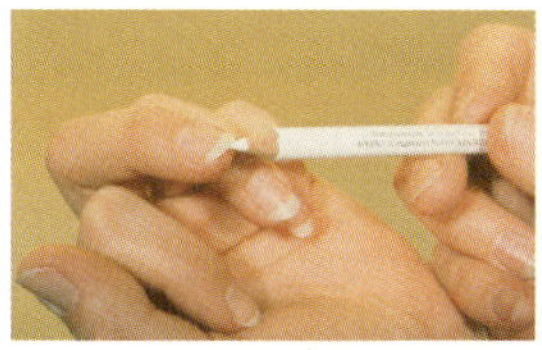

   ____

   ____

   ____

   ____

   c) Zählen Sie der Kundin die Vorteile einer **Nagelpolitur** auf.

   ____

   ____

   ____

   ____

3. a) Mit der **Form des Lackauftrags** können verschiedene optische Wirkungen erzielt und ungünstige Nagelformen korrigiert werden. Verbinden Sie die Sätze sinnvoll mit Linien.

Der Nagel wird vollständig lackiert.	Diese Lackierung ist bei sehr breiten, kurzen Händen und Nägeln vorteilhaft, weil sie dadurch optisch schmaler wirken.
Das Nagelmöndchen wird nicht lackiert.	Diese Lackierung ist für lange, schmale Hände und Finger empfehlenswert, denn sie wirken dadurch optisch kürzer.
Die äußeren Nagelseiten werden nicht lackiert.	Diese Lackierung bietet sich bei schönen, gut geformten Händen und Nägeln an.

   b) Beschriften Sie die folgenden Nagelformen und zeichnen Sie die optimale **Nagellackierung** ein.

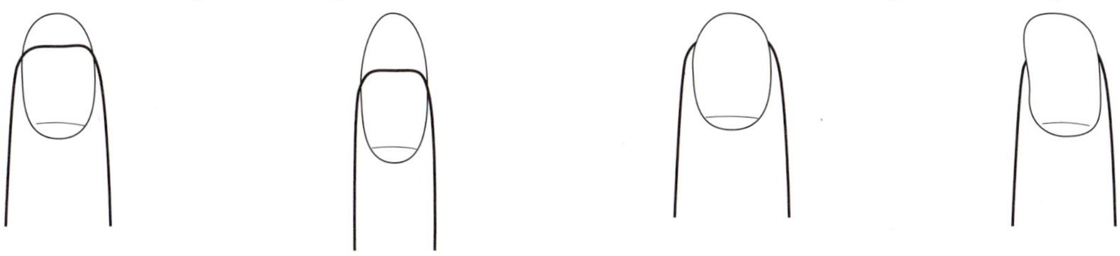

________	________	________	________
________	________	________	________
________	________	________	________
________	________	________	________

4. Die optische Wirkung von Farben wird oft unterschätzt. Deshalb muss die Kosmetikerin bei der **Farbauswahl des Nagellacks** nicht nur den Geschmack, die Stilpersönlichkeit und Kleiderfarben der Kundin, sondern auch die Form der Hände, Finger und Nägel berücksichtigen. Verbinden Sie die Satzteile sinnvoll mit Linien.

Helle und blasse Nagellackfarben	sind z. B. ein dunkles Braun oder mattes Weinrot.
	sind z. B. ein knalliges Rot und ein leuchtendes, kräftiges Orange.
Dunkle Nagellackfarben	sind z. B. Perlmutt und Pastellfarben wie helles Rosa.
	können bei schönen, gut geformten Händen und Nägeln empfohlen werden.
	betonen die Hände und Nägel. Der Blick wird auf die Nägel gelenkt.
	lassen Nägel optisch zurücktreten.
Kräftige Nagellackfarben	lassen Nägel optisch kleiner erscheinen.

5. Eine kleine und etwas übergewichtige Kundin mit kleinen Händen und kurzen Fingern und Fingernägeln möchte eine **Nagellackierung**.

a) Welche Art des Lackauftrags und welche Nagellackfarbe wählen Sie? Begründen Sie Ihre Antwort.

____

____

____

____

5

b) Was empfehlen Sie der Kundin in Bezug auf die Form und Länge der Nägel?

____

____

6. Warum wird in **Nagellackentfernern** auf Aceton als Lösungsmittel zunehmend verzichtet? Kreuzen Sie die richtige Antwort an:

- ☐ Aceton riecht sehr unangenehm nach faulen Eiern.
- ☐ Aceton ist ein seltener und deshalb teurer Rohstoff.
- ☐ Bei häufigem Gebrauch trocknet Aceton die Nagelplatte stark aus.
- ☐ Aceton verfärbt die Nagelplatte.

7. Eine Kundin möchte von Ihnen bei der Auswahl eines Nagellacks für ihren Sommerurlaub beraten werden. Welche **Produkte** können Sie der Kundin im Rahmen des aktiven Verkaufens außerdem anbieten?

____

____

____

3 Kundenkartei zur Maniküre

Erstellen Sie für eine Mitschülerin eine **Kundenkartei zur Maniküre**.
Notieren Sie auch die empfohlenen Behandlungsmaßnahmen und Präparate.

Name: ______________________________

Geburtsdatum: ______________________

Adresse: ____

____

Beruf: ____

Hand- und Fingerform: ______________________________________

Nagelform: ______________________________

Zustand der Fingernägel: ______________________

____

____

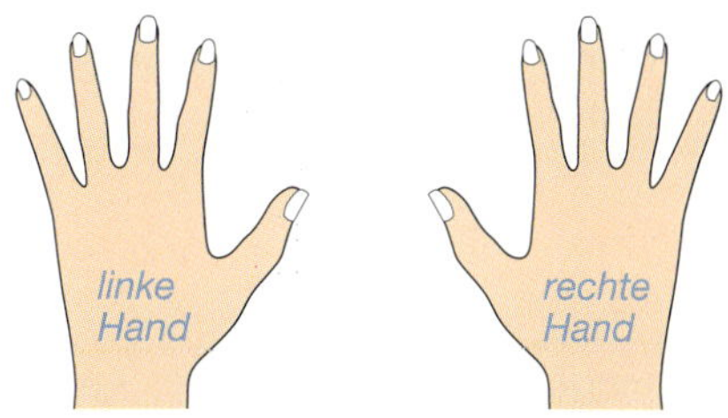

Kundenwünsche: ____

____

____

Art der Behandlung	Datum:	Verkauf von Präparaten und Hilfsmitteln:

4 Nageldesign und Handtattoo

1. **Nageldesign** (Nail-Design) ist ein modisches Extra. Zu welchen Anlässen kann man Kunden dieses Angebot machen?

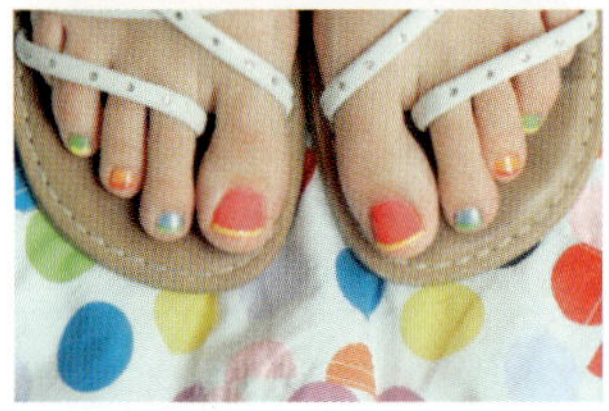

2. Ein persönliches **Kunst(hand-)werk** mit Nageldesign und Handtattoo gestalten:

   So gehts step by step:

   1. Eine Hand auf ein weißes oder hautfarbenes DIN-A4-Papier legen, mit einem Bleistift exakt umranden. Auch das Handgelenk und ein Stück des Unterarms umranden.
   2. Fingernagelformen mit einem Bleistift auf dem Blatt skizzieren.
   3. Einen Streifen feste Folie über die skizzierten Fingernägel legen.
   4. Mit einem wasserlöslichen Folienstift die Fingernagelform auf die Folie übertragen. Tipp: Die Nagelspitzen sollten etwa einen halben Zentimeter länger gemalt werden.
   5. Die Nägel auf der Folie gestalten. Dazu verwendet man verschiedene Farblacke. Außerdem können dünne, zugeschnittene Klebestreifen, Strass-Steinchen, Motive, Federn in verschiedenen Farben, Gold- und Silberstaub und andere kleine Materialien eingesetzt werden. Meistens kleben sie auf dem noch flüssigen Lack.
   6. Nach dem Trocknen werden die „Foliennägel“ exakt ausgeschnitten und mit Kleber auf die Papierhand geklebt.
   7. Die Papierhand wird mit Filzstiften farbig gestaltet. Auch Glitzerstifte sind geeignet.
   8. Abschließend wird die Hand exakt ausgeschnitten und auf einen farbigen Hintergrund geklebt. Die Farben des Nageldesigns, des Tattoos und des Untergrunds sollen miteinander harmonieren.

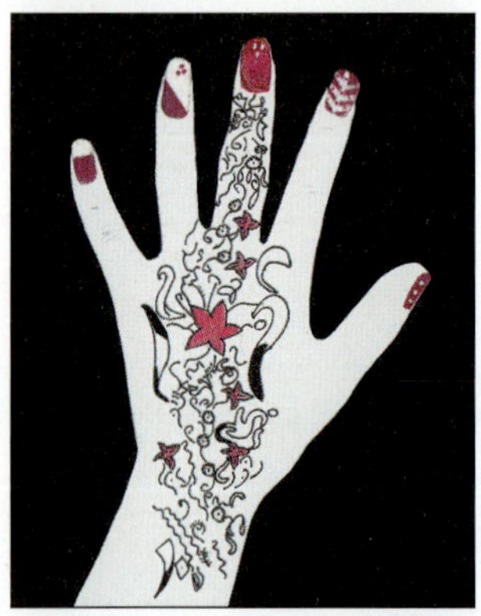

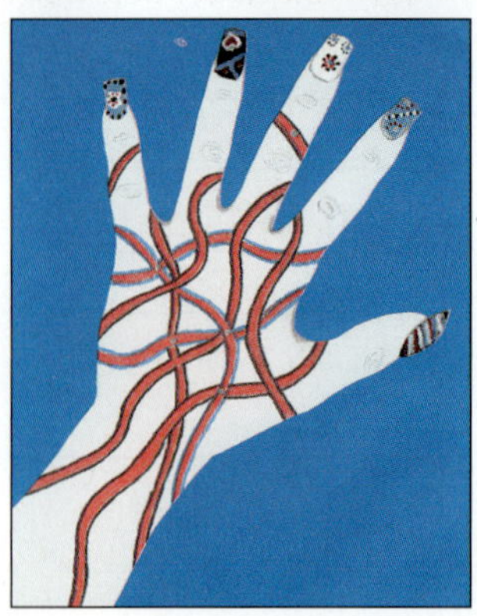

5 Kunstnägel und Nagelmodellage

*„Am Wochenende heirate ich.
Alles ist vorbereitet, mein Kleid,
das Make-up und die Frisur passen perfekt.
Wenn nur meine abgebrochenen,
gesplitterten Fingernägel nicht wären!“*

1. Welche kosmetischen Behandlungen können Sie der jungen Braut empfehlen?

____

____

2. Bringen Sie die Bilder der **Vorarbeiten einer Nagelmodellage** in die richtige Reihenfolge.

______

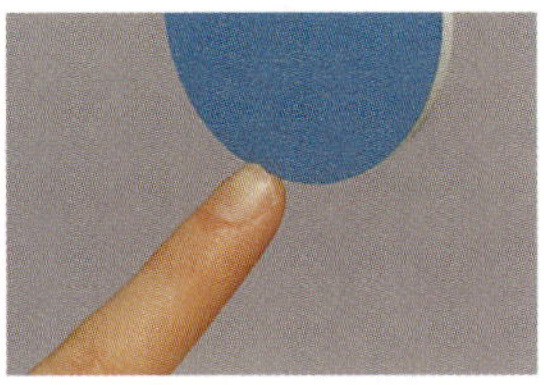

Der Naturnagel wird gekürzt und in Form gefeilt.

______

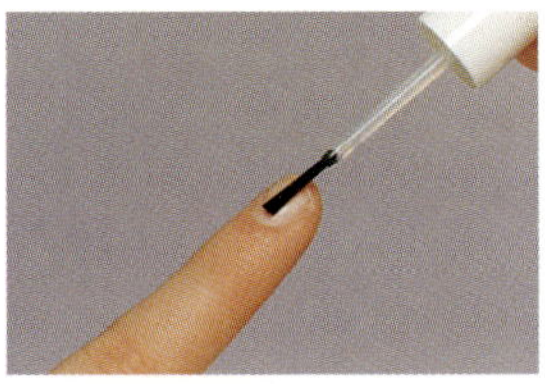

Um den Naturnagel zu entfetten, wird ein Spezialpräparat mit dem Pinsel dünn auf den Naturnagel aufgetragen.

______

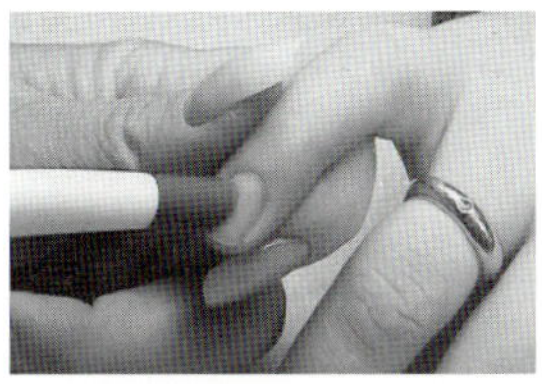

Zuerst wird eine klassische Maniküre durchgeführt. Der Naturnagel wird gereinigt und die Nagelhaut zurückgeschoben.

______

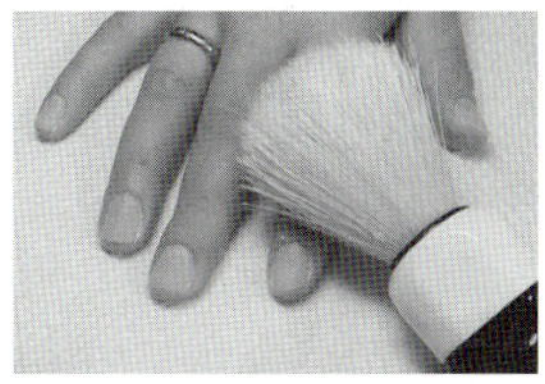

Die Oberfläche des Naturnagels wird mit einer weichen Nagelfeile mattiert und anschließend mit einem Staubpinsel entstaubt.

3. Kreuzen Sie die richtige Antwort an.
Wie lange halten **Kunstnägel**?

Ⓐ etwa drei Monate

Ⓑ etwa sechs Monate

Ⓒ etwa drei Wochen

Ⓓ sie wachsen heraus

4. Kreuzen Sie die beiden richtigen Antworten an.
Gel-Nägel …

Ⓐ … sind hornähnlich und elastisch.

Ⓑ … sind nur schwach belastbar.

Ⓒ … werden mit Sauerstoff gehärtet.

Ⓓ … werden ohne die üblichen Vorarbeiten auf den Nagel aufgetragen.

Ⓔ … sind unempfindlich gegen Lösungsmittel.

5. Kreuzen Sie die beiden richtigen Antworten an. **Acrylnägel** …

Ⓐ … sind sofort fest und belastbar.

Ⓑ … sind erst nach etwa 24 Stunden belastbar.

Ⓒ … werden auch Porzellannägel genannt.

Ⓓ … werden durch ein UV-Lichthärtungsgerät gehärtet.

Ⓔ … sind unempfindlich gegenüber Lösungsmitteln.

6 Pflegen und Gestalten der Füße und Zehennägel

1 Pflegen und Gestalten der Füße und Zehennägel

Kreuzen Sie an: Welche kosmetischen Behandlungen dürfen Sie in der **kosmetischen Fußpflege** anbieten, wenn Sie keine Ausbildung zur Podologin haben?

	ein Fußbad mit Kräutern anbieten	☐
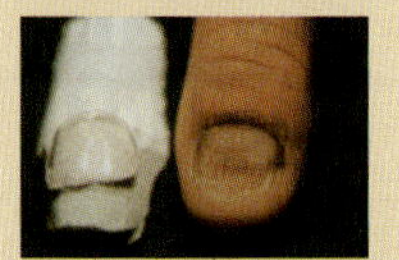	Kunstnagel/Nagelprothese zum Schutz des Nagelbettes anfertigen	☐
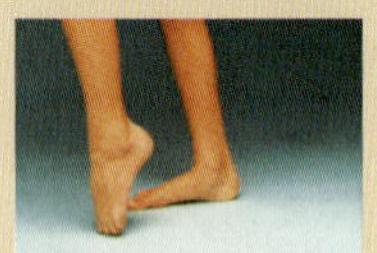	Anleitungen zu fußgymnastischen Übungen geben	☐
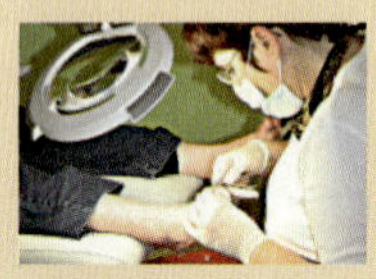	eine Pilzinfektion am Fußnagel behandeln	☐
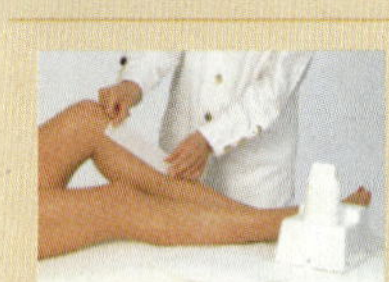	eine Depilation von Haaren an den Beinen mit Wachsstreifen umsetzen	☐
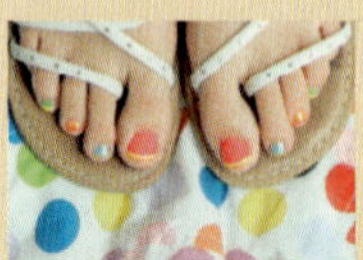	Nageldesign an den Fußnägeln anfertigen	☐
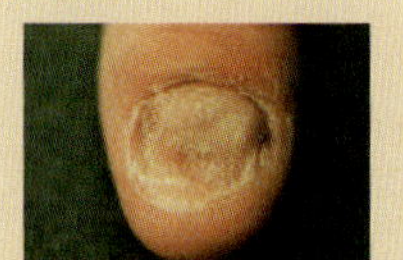	eine Nagelplatte bei einem Nagel nach einer Nagelverletzung (Nageltrauma) abziehen	☐
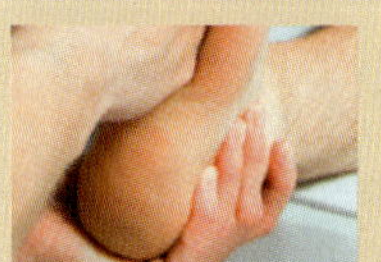	Fuß- und Unterschenkelmassagen durchführen	☐
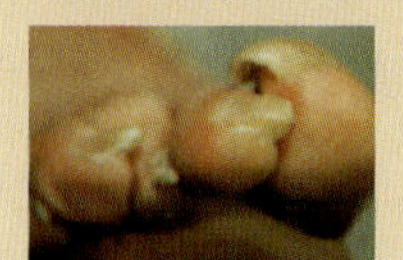	diese altersbedingten Nagelveränderungen mit Ablösung der Nagelplatten behandeln	☐
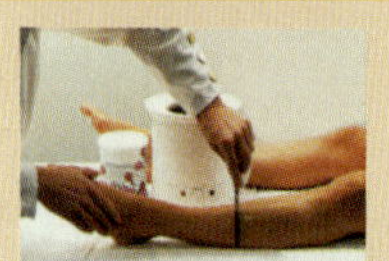	eine Depilation von Haaren an den Beinen mit Heißwachs anwenden	☐
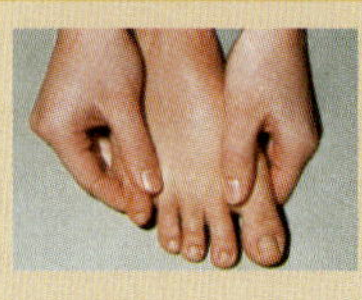	die Fußzehen zum Lockern von Verkrampfungen vorsichtig auseinanderspreizen	☐

7 Apparative Kosmetik

1 Stromanwendungen in der Kosmetik

1. Ulrike klagt: „Physik fand ich in der Schule schon langweilig. Und jetzt soll ich mich in meiner Kosmetikausbildung auch wieder mit Strom beschäftigen?" Ihre Chefin ermuntert sie: „Die apparative Kosmetik ist doch nicht mit Physikunterricht zu vergleichen!" Ulrike: „Trotzdem, muss das denn sein?"

   Antworten Sie an Stelle der Chefin: Warum müssen Sie auch Grundlagen zur apparativen Kosmetik erlernen?

2. Welche speziellen **Wirkungen des elektrischen Stroms** auf den menschlichen Organismus nutzen Sie bei folgenden kosmetischen Behandlungen? Ergänzen Sie die Tabelle.

Stomanwendungen in der Kosmetik		Wirkungen des elektrischen Stroms
Trockenschleifung der Haut		
Iontophoresebehandlung mit einer Iontomaske		
Apparative Lymphdrainage	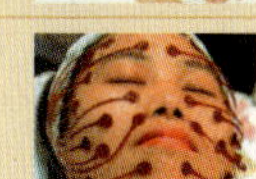	
Nadelepilation	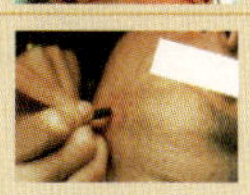	
Bedampfung mit einem Bedampfungsgerät		
Mikromassage mit Ultraschallbehandlung		
Vakuumsaugmassage	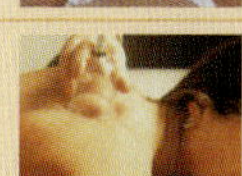	
Softlaserbehandlung zur Durchblutungsförderung		
Laserepilation	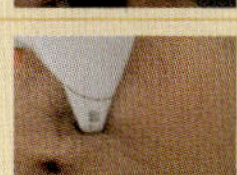	

2 Stromarten und ihre Einsatzgebiete in der Kosmetik

1. Spezielle Stromanwendungen in der Kosmetik werden entweder mit **Gleichstrom** oder mit **Wechselstrom** durchgeführt. Ordnen Sie die beabsichtigten Wirkungen den Stromanwendungen durch Linien zu.

Wirkung:	**Stromanwendung:**
„Muskelturnen“ durch Reizstrom	Interferenzstrom
Bewegung der Körperflüssigkeiten und Einbringen von Wirkstoffen	Impulsstrom
Stoffwechselanregung durch Reizstrom	Iontophorese
Tiefenwärme und Muskeldurchblutung	
Beeinflussung der Interzellularflüssigkeit	Galvanisation

2. Eine Besonderheit der Iontophorese stellen die **„galvanischen Hände“** dar. Erklären Sie diese Behandlungsmethode.

3. Welche anderen **Iontophoresebehandlungen** sind möglich?

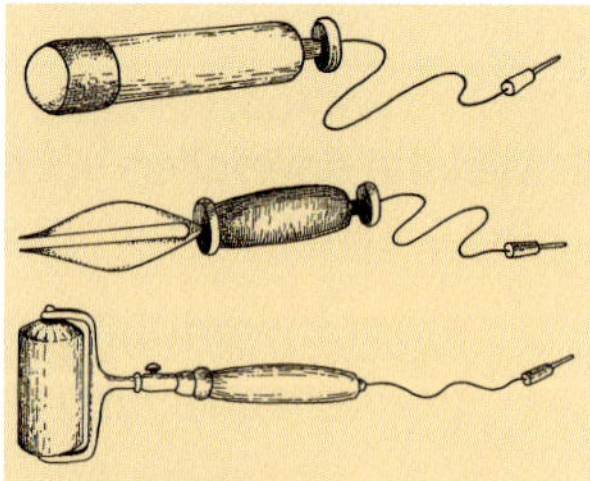

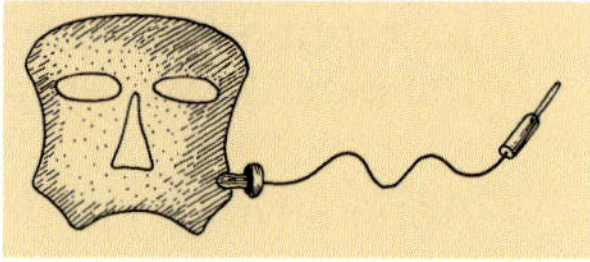

4. Warum werden bei der **Interferenzstrombehandlung** vier Elektroden angelegt?

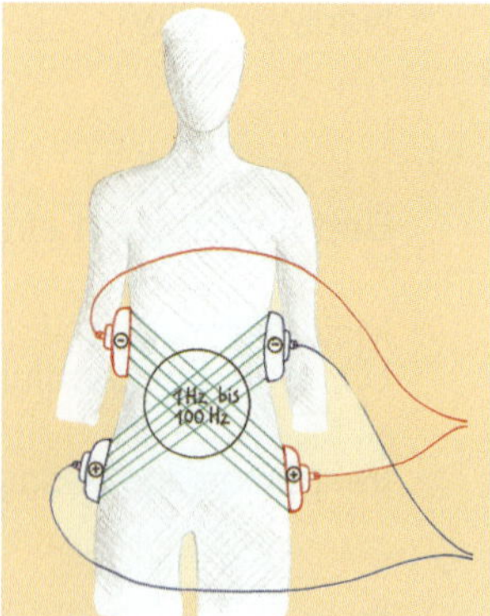

3 Epilation: Dauerentfernung von Haaren

1. Depilation und Epilation:
   a) Erklären Sie die Fachbegriffe.
   b) Nennen Sie jeweils Beispiele für diese Methoden.

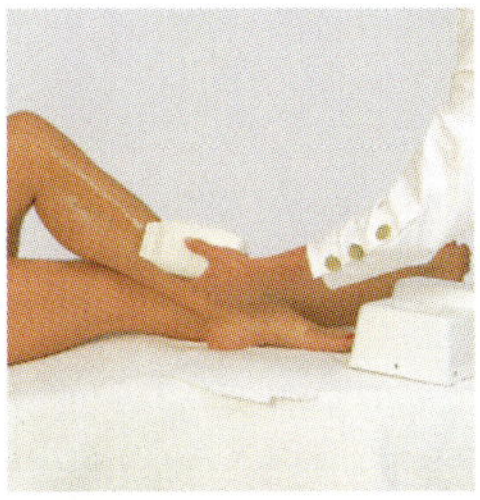

Depilation = ______

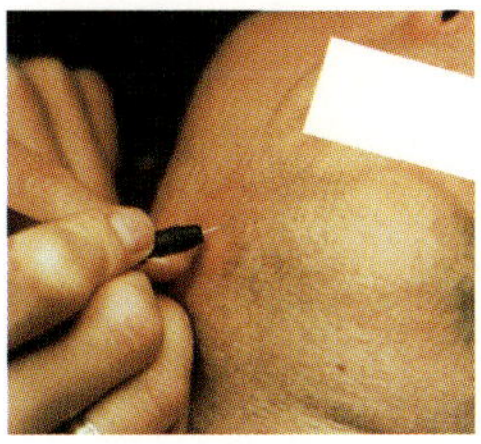

Epilation = ______

2. Eine **Epilation** kostet viel Zeit und Geld: Die Kundin erwartet ein überzeugendes, lohnenswertes Ergebnis! Welche besonderen Voraussetzungen müssen dafür vor und während der Behandlung erfüllt sein?

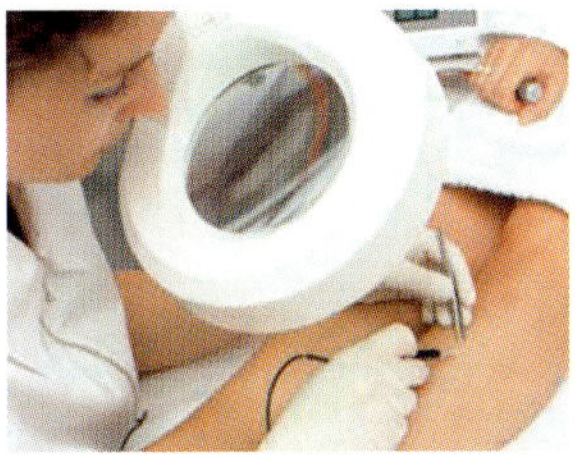

a) **Nadelepilation**

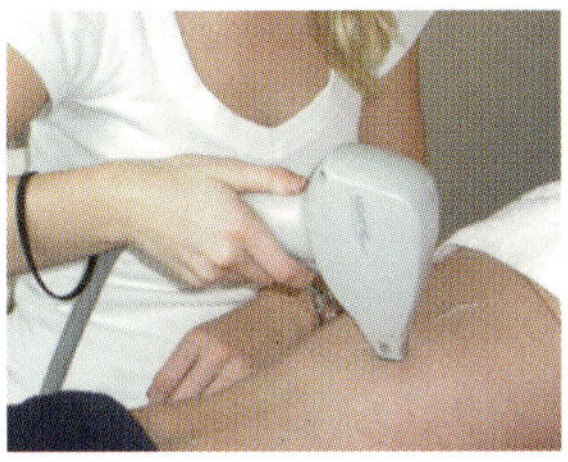

b) **Laserepilation**

3. **Fehlerhaftes Arbeiten bei der Nadel- oder Pinzettenepilation** ist für die Kundin schmerzhaft, kann zu schweren Entzündungen führen und/oder die Haare werden gar nicht epiliert. Erläutern Sie die Abbildungen: Diese Fehler müssen vermieden werden.

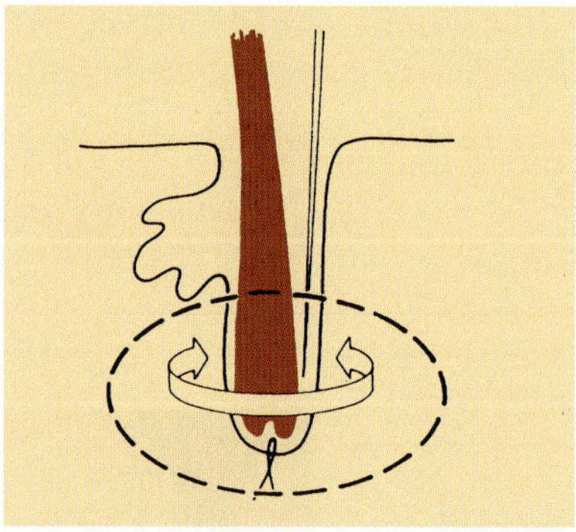

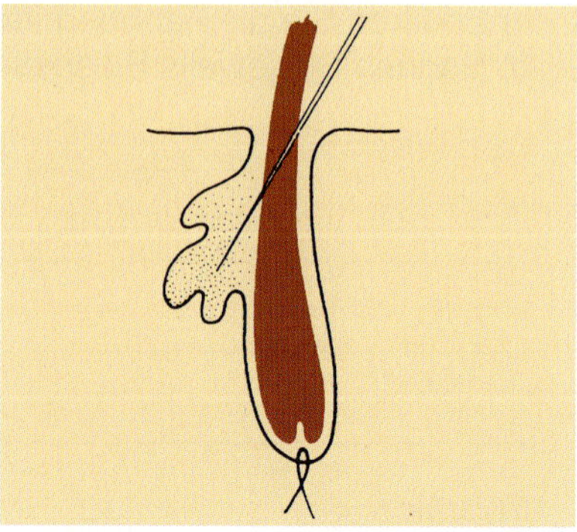

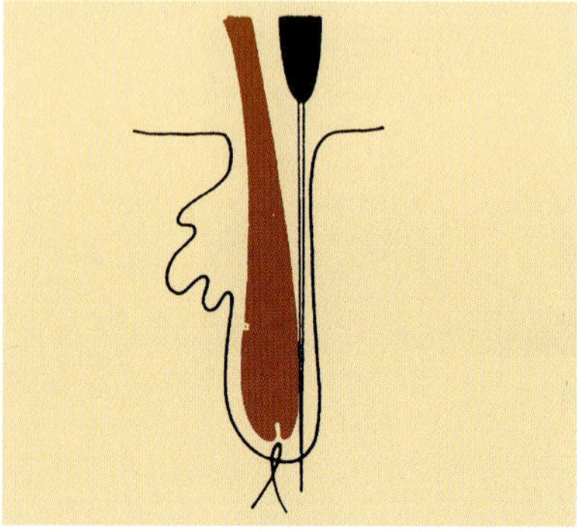

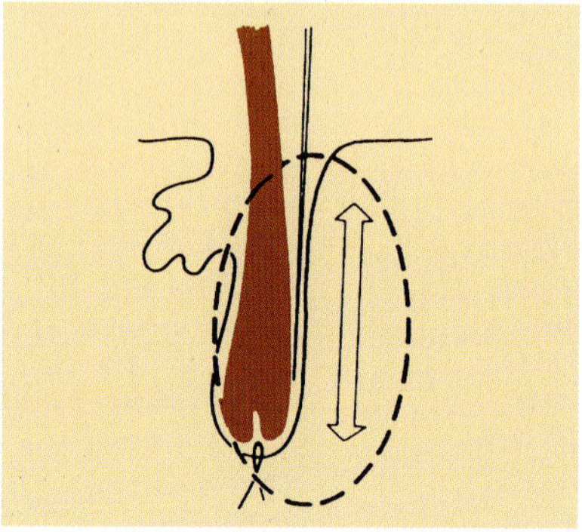

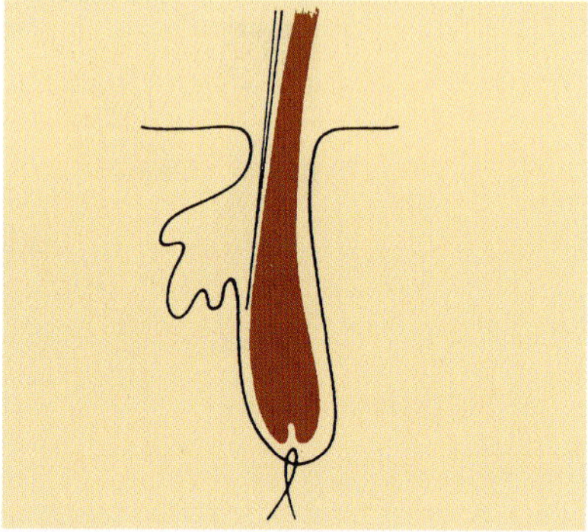

7

4. Wie berechnet man die **Behandlungskosten einer Nadelepilation**, sodass sie für die Kundin nachvollziehbar und attraktiv sind?

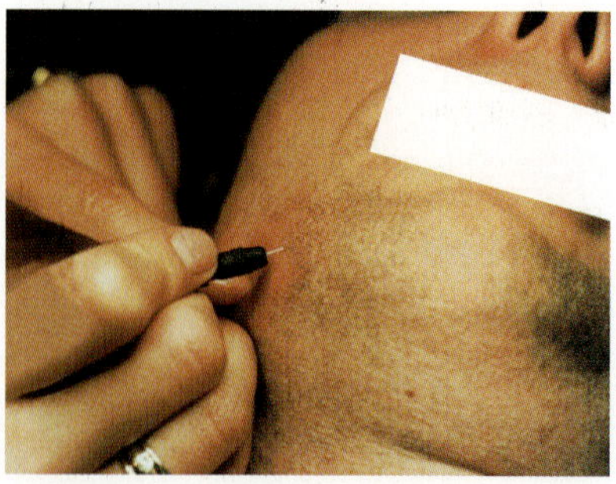

4 Strahlenanwendungen in der Kosmetik

1. Welche **Strahlenanwendungen** sind hier abgebildet?

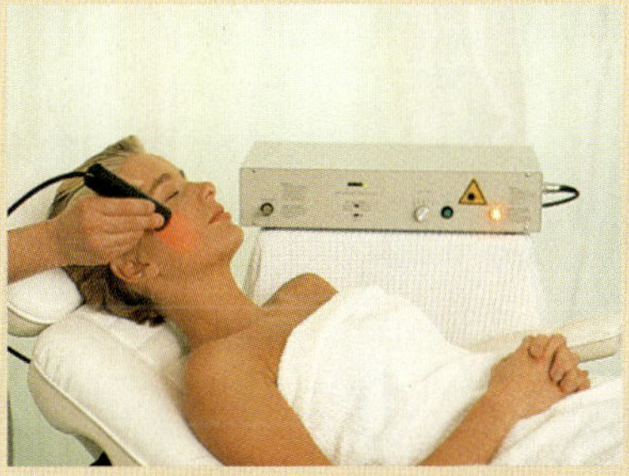
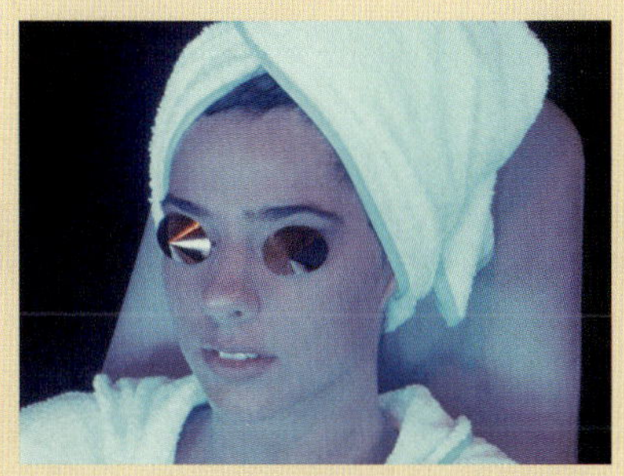
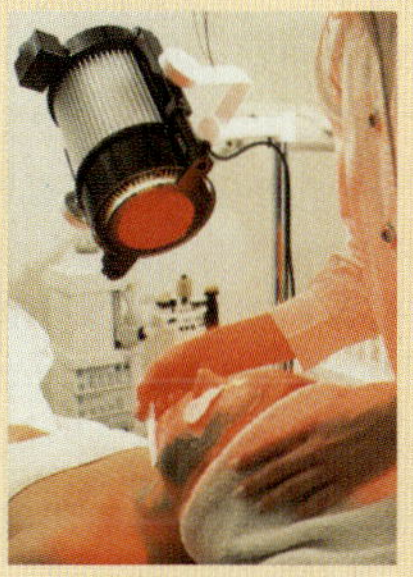

2. Beschreiben Sie die Wirkungen folgender **Strahlenanwendungen** auf den menschlichen Körper.

UV-A-Licht:

UV-B-Licht:

Blaulicht:

Rotlicht:

Infrarotlicht:

3. Kundin: Ich habe neulich in einer Zeitschrift gelesen, dass Kosmetikerinnen auch **Laserbehandlungen** anbieten. Ich dachte immer, das dürfen nur Ärzte. Bieten Sie tatsächlich Laserbehandlungen an?"
Kosmetikerin: „Ja, Softlaserbehandlungen bieten wir auch an. Sie regen Stoffwechselvorgänge in der Haut und in den Haarwurzeln an."
Kundin: „Das hört sich ja alles ganz gut an, aber ich habe mir neulich erst meine Äderchen beim Arzt entfernen lassen. Meine Wangen waren hinterher ganz verschorft und gereizt. Eine Laserbehandlung kommt so schnell nicht mehr für mich infrage."

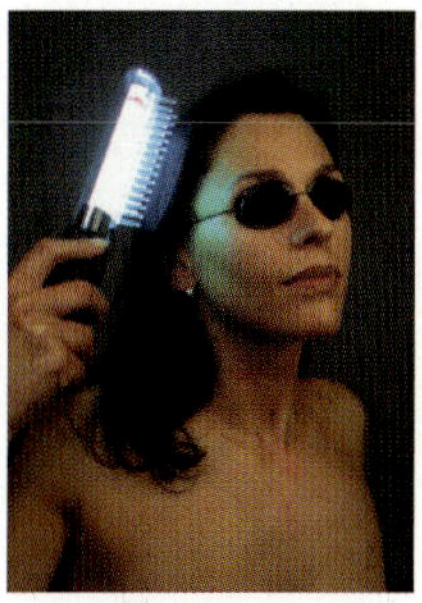

Reagieren Sie auf den Einwand der Kundin.

8 Dekorative Kosmetik

1 Individuelle Schönheit als gestalterische Aufgabe der Kosmetikerin

1. Welche Vorteile bietet die dekorative Kosmetik?
   Nennen Sie **Argumente** in direkter Rede, mit denen Sie bei Kunden Interesse und Kaufwünsche wecken können.
   „Die dekorative Kosmetik …

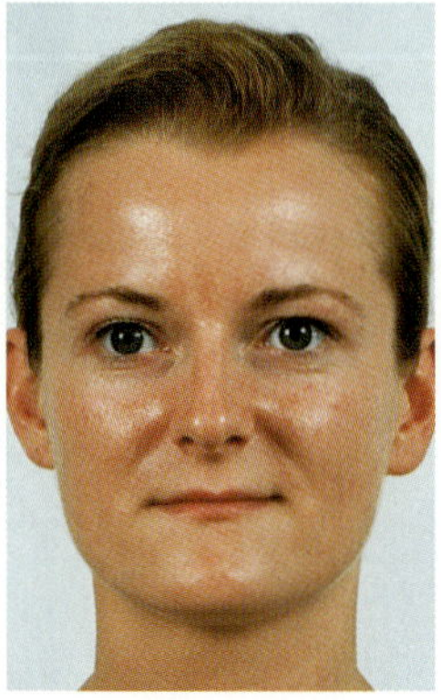

Das ungeschminkte Gesicht

Gesicht mit komplettem Tages-Make-up

2. Über welche **Grundkenntnisse** müssen Sie verfügen, um dekorative Kosmetik erfolgreich anbieten zu können?

3. Seit Jahrtausenden haben Menschen den Wunsch, schöner auszusehen.
   Welche kosmetischen Mittel der dekorativen Kosmetik verwendeten Menschen in der **Antike**?

2 Farbenlehre für Kosmetikerinnen

2.1 Grundlagen der Farbenlehre

1. Colorieren und notieren Sie die Grundfarben, sowie Mischfarben erster und zweiter Ordnung im zwölfteiligen **Farbkreis**.

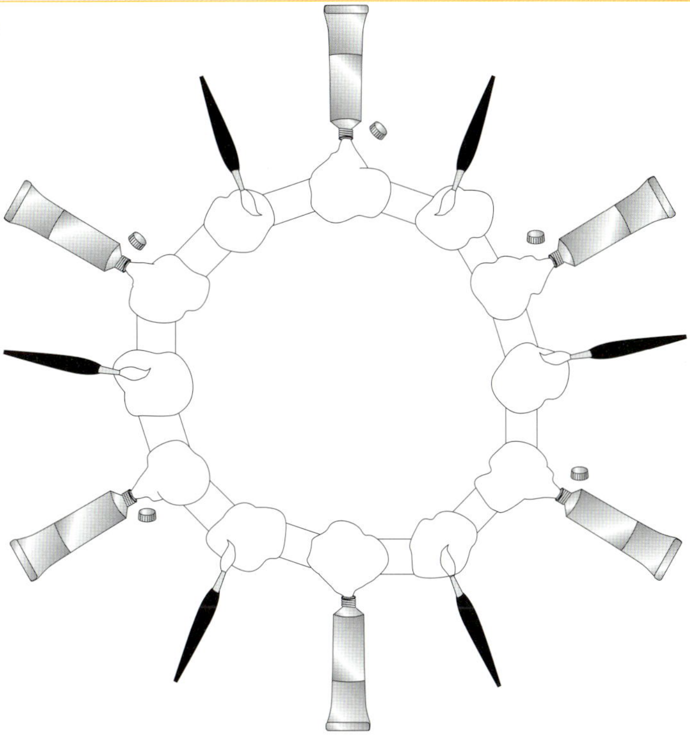

2. Kreuzen Sie die richtigen Aussagen zu den **Mischfarben zweiter Ordnung** an.

Dazu zählt die Farbe Grün.	☐
Dazu zählt die Farbe Blaugrün.	☐
Dazu zählt die Farbe Rot.	☐
Dazu zählt die Farbe Rotorange.	☐
Dazu zählen alle kalten Farben.	☐
Sie entstehen durch Mischen von zwei Grundfarben.	☐
Sie entstehen durch Mischen von einer Grundfarbe und einer Mischfarbe erster Ordnung.	☐
Sie entstehen durch Mischen von zwei Mischfarben erster Ordnung.	☐

3. Im zwölfteiligen Farbkreis befinden sich die warmen auf der einen und die kalten Farben auf der anderen Hälfte. Ordnen Sie alle Farben zu.

Warme Farben

____

Kalte/kühle Farben

____

4. Einteilung von **Farben**: Verbinden Sie mit Linien die Namen der Farben mit den Erklärungen.

Grundfarben	Hierzu zählen alle Farben, die mit Weiß aufgehellt worden sind.
Klarfarben	Hierzu zählen alle Farben, die mit Schwarz getrübt worden sind.
Komplementärfarben	Hierzu zählen Weiß und Schwarz sowie alle dazwischen liegenden Grautöne.
Nichtfarben	Sie können nicht aus anderen Farben gemischt werden: Gelb, Rot, Blau.
Pastellfarben	Hierzu zählen alle Farben, die weder mit Weiß aufgehellt, noch mit Schwarz getrübt worden sind.
Trübfarben	Das sind Grund- und Mischfarben, die sich im Farbkreis gegenüberliegen: die Farbpaare sind Gelb-Violett, Rot-Grün und Blau-Orange.

5. Kreuzen Sie die richtigen Antworten an: **Farbharmonie** entsteht, wenn …

Ton-in-Ton-Farbkombinationen gewählt werden.	☐
Komplementärfarben miteinander kombiniert werden.	☐
Farben gewählt werden, die im Farbkreis nebeneinanderliegen.	☐
Farben gewählt werden, die im Farbkreis gegenüberliegen.	☐
ähnliche Farben miteinander kombiniert werden.	☐

6. Kreuzen Sie die richtigen Antworten an: **Helle Farben** und **helle Flächen** …

empfinden wir als leicht.	☐
treten optisch zurück.	☐
werden optisch als kleiner empfunden als dunkle Flächen.	☐
können Bereiche (zum Beispiel ein Schlupflid) optisch hervortreten lassen.	☐
können Partien (zum Beispiel eine große Nase) optisch verkleinern.	☐

7. *„Ein Bild sagt mehr als tausend Worte."* Erstellen Sie eine eigene Beratungsmappe zur dekorativen Kosmetik mit dem Titel **„Farben und ihre Wirkungen in der dekorativen Kosmetik"**, die Sie als Beratungshilfe bei Kundengesprächen nutzen können.
So gehts step by step:

1. Arbeitsmaterial zusammenstellen:
- Zeitschriften (z. B. Fachzeitschriften der Kosmetik, Frauenzeitschriften), Kataloge, farbige Prospekte
- Scheren, Kleber, weiße DIN-A4-Blätter
- Farbige Stifte oder PC
- Schnellhefter oder Ordner

2. Zielorientiert Abbildungen in den Zeitschriften nach dem jeweiligen Farbthema heraustrennen.
- Themenbeispiele: Farbharmonie (in Brauntönen), Farbharmonie (in Rot-Orange-Tönen), Farbharmonie in kühlen Blau-Grün-Tönen, Kalt-Warm-Kontrast, Komplementärfarbkontrast, Klarfarben, Trübfarben, Pastellfarben, Unbunte Farben …
- Motivbeispiele: Gesichter, Make-up-Produkte, Nagellacke, evtl. auch Accessoires/Schmuck/Brillen, Bekleidung, Landschaften

3. Abbildungshäufchen zu jedem Thema auf jeweils einer DIN-A4-Seite sammeln.

4. Textabschnitte zu jedem Thema erstellen und ausschneiden
- Handschriftlich oder als PC-Ausdruck, Letzteres sieht professioneller aus.
- Thema z. B.: *Der Kalt-Warm-Kontrast in Make-up, Frisur, Kleidung und Accessoires*
- Erklärung und Wirkung der jeweiligen Farbzusammenstellung, z. B.:

Beim Kalt-Warm-Kontrast liegen kalte und warme Farben unmittelbar nebeneinander. Er wirkt direkt und stark emotional und ruft starke Empfindungen hervor. Versuche haben gezeigt, dass beispielsweise blaue Wände als „kalt" empfunden werden, bei gleicher Zimmertemperatur orange-rote Wände aber als angenehm „warm". Die beiden Extremwerte des Kalt-Warm-Kontrastes sind Blau und Rot. Kalt-Warm-Farbzusammenstellungen werden mit Begriffspaaren wie schattig-sonnig, fern-nah, feucht-trocken oder beruhigend-erregend belegt.

ODER

Liegen Komplementärfarben direkt nebeneinander, steigern sie sich gegenseitig in ihrer Leuchtkraft und erreichen die höchste Farbwirkung.

5. Textausschnitte und Abbildungen auf einer DIN-A4-Seite anordnen und nach Kontrolle aufkleben.
- Alle Seiten in einen Ordner oder einen Schnellhefter einheften oder binden lassen, ggf. vorher laminieren.

8

2.2 Die Farbberatung

1. Welche Vorteile hat eine **Farbtypberatung** für eine Kundin? Argumentieren Sie in direkter Rede.

___

___

___

___

___

2. a) Welche Grundausstattung für eine Farbberatung benötigen Sie?

___

___

___

___

___

___

___

___

___

___

b) Was müssen Sie bei der Einrichtung eines **Farbtyp-Beratungsplatzes** außerdem beachten?

___

___

c) Welche Voraussetzungen müssen bei der Kundin berücksichtigt werden?

___

___

___

___

3. Ordnen Sie in der Übersicht zur **Einteilung der Farbtypen** folgende Farbtöne zu:

farbintensive Farbtöne	kühle/kalte Farbtöne	farbschwache Farbtöne	warme Farbtöne
farbintensive Farbtöne	kühle/kalte Farbtöne	farbschwache Farbtöne	warme Farbtöne

8

Frühling ___ ___	**Sommer** ___ ___
Herbst ___ ___	**Winter** ___ ___

Ausschneidebogen zum Arbeitsblatt auf Seite 113

pastelliges Dunkelrosa, bläuliches Rot, rosabraun

Schwarz, kühl wirkende Farbtöne, Silber

warme braune Rottöne, dunkles Braun, gold-braun, apricot-rot, bronzefarben

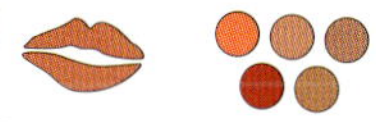

apricot, hellbraun, dunkelbraun, beige, ocker, hellorange, lil, dunkelgrün

hellgrün, hell-braun, Nougat, helles Orange

silbrig-rosa, kräftiges leuch-tendes Blau, kräftiges Rosa, dunkelgrün, braun-violett

frisch, zart und warm

rosa-Violett, blassgrün, silber, bläuliches Rot

aschige Naturtöne, silberhelle Strähnen

Nougat, helles Orange

bläuliche Rottöne, hellrot, lila, pink, kräftiges Rosa

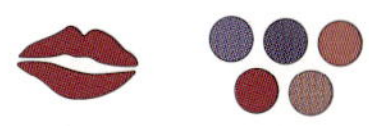

kräftig, klar

verwaschen, kalt, kühl und hell-pastellig

warme Blondtöne, helle Kupfertöne

kräftig, warm

Kastanienbraun, warme Kupfertöne

4. Ergänzen Sie die Tabelle zu den **Farbtypen**.
  a) Notieren Sie unter jeder Abbildung den jeweiligen Farbtyp.
  b) Schneiden Sie die Kästchen zu den Haarfarben, Augen-Make-up-Farben, Lippenstiftfarben und Kleiderfarben aus dem Ausschneidebogen von Seite 111 aus. Ordnen Sie die Farbbeispiele zu. Kontrollieren Sie die Zuordnung in Partnerarbeit.
  Kleben Sie die Farbbeispiele auf.

Jahreszeiten-typen	 ______________	 ______________	 ______________	 ______________
Haarfarbe				
Augen-Make-up-Farbe				
Lippenstift-Farbe				
Kleiderfarbe				
Accessoires/ Schmuck	*Weißgold, Rubin, weiße Perlen, Strassschmuck*	*Kupfer, Jade, Bronze, Gelbgold, Bernstein*	*Silber, Weißgold, rosa- und graufarbene Perlen*	*cremeweiße Perlen, Bernstein, Gelbgold*

3 Stile, Formen und Proportionen

3.1 Stilberatung

Ausschneidebogen zum Arbeitsblatt auf Seite 117

provozierend, ungewöhnlich, dem Trend voraus

angelehnt an antike Schönheitsideale, Betonung von Mund und Augen

lässig, bequem, zeitlos, pflegeleicht, modisch

alle modischen Farbnuancen der Saison, bunter Kajal, bunte Wimperntusche

Rüschen, Spitzen, Schleifen, weite Ärmel, verspielt

bewährt, klare Linien, zeitlos, aufwendig in Material und Verarbeitung

einfallsreich, kreativ, farbig, witzige Details, sexy

luftgetrocknete Dauerwellen, Kurzhaarfrisuren, „unkomplizierte Haarfarben“

asymmetrisch, frech, witzig, verspielt, Haarfarben ausprobieren

sehr figurbetont, hohe Absätze

kurzhaarig, enggehaltener äußerer Frisurenumriss, natürliche Haarfarben

heller Teint, zarte Farben, Puder als Weichzeichner

dem Trend voraus, auffällig, Farbgegensätze

ausdrucksvolle Augen, betonte Lippen

breite, kantige Schultern, Hosen, Krawatten, Hosenanzüge, Schulterpolster

ungewöhnlich, auffallend im Schnitt, asymmetrisch

buschige Augenbrauen, bärtig, ungeschminkte Wirkung

weiche Kammführungslinien, lange Haare, großzügige Wellen

Flechtfrisuren, lange gelockte Haare, Hochsteckfrisuren

klare Kammführungslinien, sehr geordnet, konturenbetont

natürlich, frisch, wenig Farbe, ungeschminkte Wirkung

8

3.1 Stilberatung

Der persönliche Stil eines Menschen ist äußerlich erkennbar. Ergänzen Sie die Tabelle: Schneiden Sie die Merkmale zu Frisur, Make-up und Kleidung aus dem Ausschneidebogen von Seite 115 aus. Ordnen Sie die Merkmale den verschiedenen **Stilpersönlichkeiten** zu. Kontrollieren Sie die Zuordnung in Partnerarbeit. Kleben Sie die Merkmale auf.

Stilpersönlichkeit	Frisur	Make-up	Kleidung
 *Romantisch*			
 *Jugendlich*			
 *Sportlich*			
 *Feminin*			
 *Maskulin*			
 *Elegant/Klassisch*			
 *Avantgardistisch*			

3.2 Formen und Proportionen (ausgleichen)

1. Welche **Figur** wirkt schmaler? Begründen Sie Ihre Entscheidung.

____

____

____

____

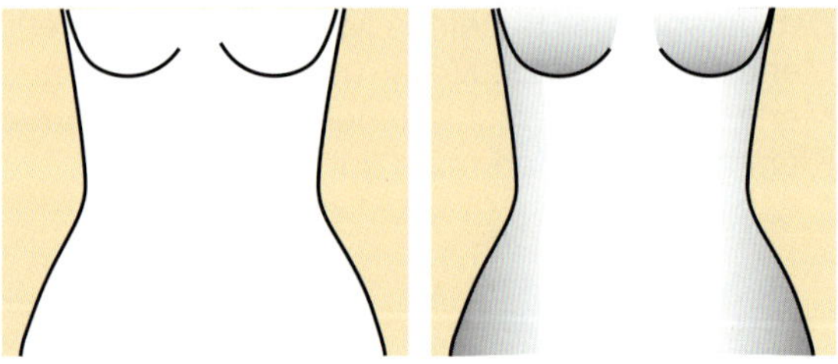

Beispiel für die optische Wirkung heller und dunkler Flächen.

2. Wie können Sie **zu eng stehende Augen** mit Make-up-Farben optisch ausgleichen? Kreuzen Sie die richtige Aussage an.

Die gesamte Augenpartie dunkel schminken.	☐
Die äußere Augenpartie hell schminken.	☐
Die äußere Augenpartie dunkel schminken.	☐
Die innere Augenpartie hell schminken.	☐
Die innere Augenpartie dunkel schminken.	☐

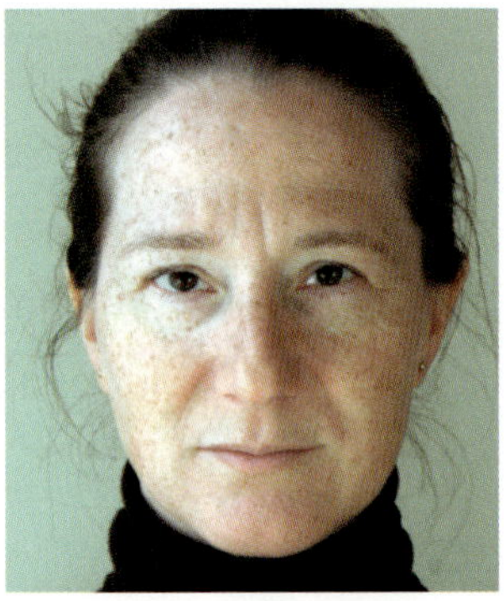

3. Wie können Sie **sehr schmale und kleine Lippen** mit Make-up-Farben optisch ausgleichen?

Die Lippen insgesamt heller schminken.	☐
An der Oberlippe nur bis zur inneren Konturenlinie schminken.	☐
Die Lippen insgesamt sehr dunkel schminken.	☐
An der Oberlippe auch die äußere Konturenlinie schminken.	☐
An der Unterlippe nur bis zur inneren Konturenlinie schminken.	☐

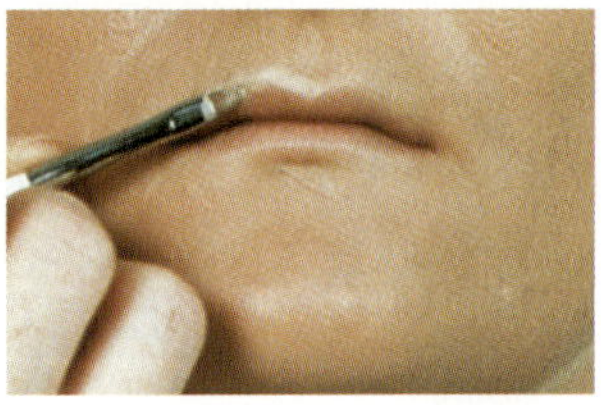

4. Wie korrigieren Sie optisch bei einer **Kundin mit dreieckiger Gesichtsform**? Kreuzen Sie die richtigen Aussagen an.

Grundsätzlich sehr helles Puder zur Korrektur der Stirn- und Kinnpartie verwenden.	☐
Der Puder zum optischen Korrigieren sollte mindestens eine Nuance dunkler sein als die natürliche Hautfarbe.	☐
Die Kinnspitze wird mit Puder optisch abgedunkelt.	☐
Die äußeren „Geheimratsecken“ werden mit Puder optisch abgedunkelt.	☐
Die Stirnpartie sollte mit einem sehr hellen Puder optisch verkleinert werden.	☐
Auf dem Nasenrücken sollte ein sehr dunkler Puder platziert werden.	☐

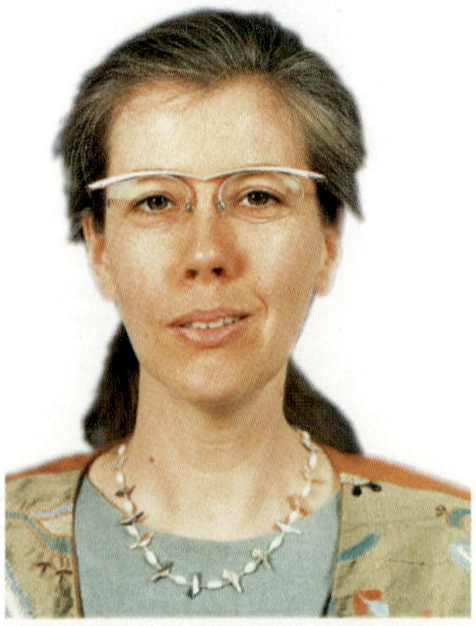

4 Anwendung dekorativer Präparate

4.1 Tages-Make-up

1. Erklären Sie den Unterschied zwischen den gewünschten **Wirkungen eines Tages-Make-ups** und eines Abend-Make-ups.

2. Nach welchen Kriterien wählen Sie die passende **Grundierung** aus?

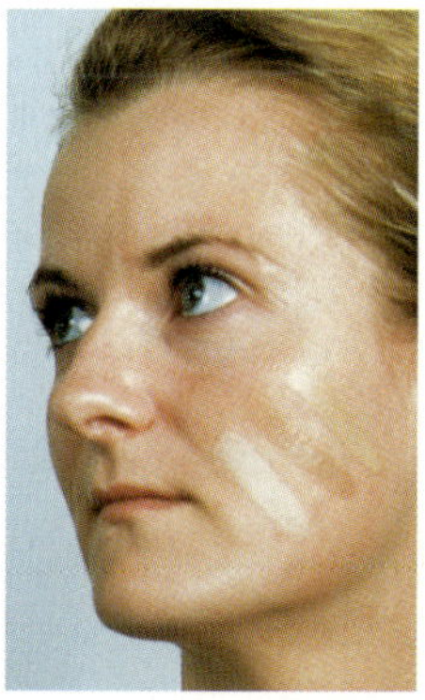

3. Wodurch zeichnet sich eine perfekt aufgetragene **Grundierung** aus?

4. Kein Make-up kommt ohne **Puder** aus. Begründen Sie diese Aussage.

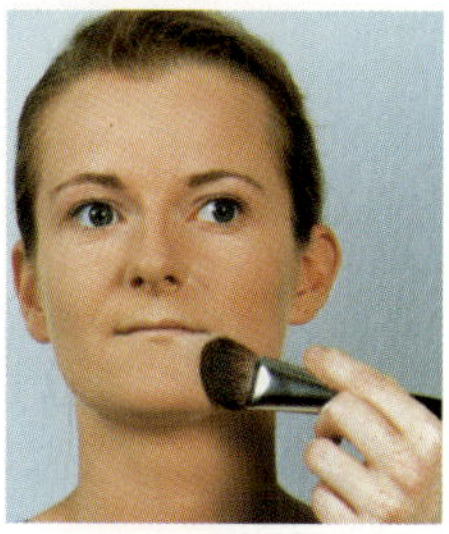

5. Eine Kundin fragt: „Welchen **Puder** empfehlen Sie mir für daheim: Festen oder losen Puder?"

Antworten Sie in direkter Rede.

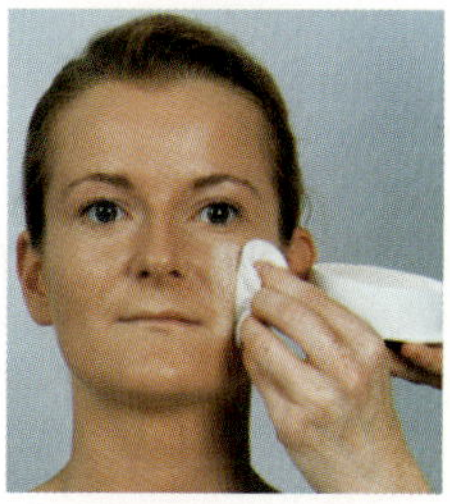

8

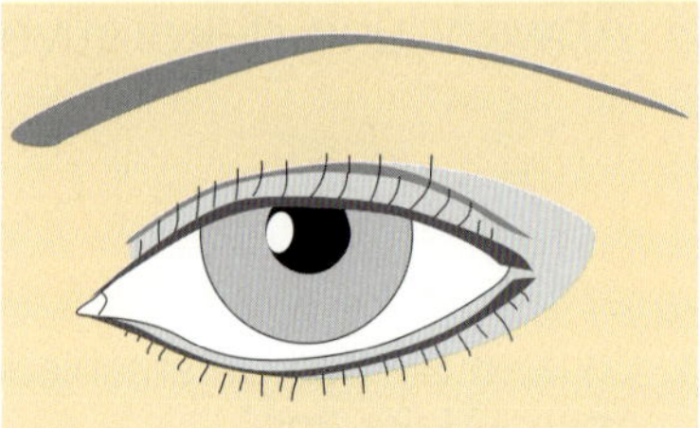

6. Präparate und Hilfsmittel für die Erstellung eines **Augen-Make-ups**:
Setzen Sie folgende Begriffe im Lückentext richtig ein:

Applikator	**Kajalstifte**	**Lidschattenfixierung**
Augenbrauenstiften	**Konturenstift**	**Mascara**
Eye-Liner	**Lidschatten**	**Wimpernkamm**
	Lidschatten	**Wimperntusche**

Mit ______________________ werden die Augenbrauen korrigiert und verlängert. Zum farbigen Gestalten des Augenlids wird ______________________ verwendet. Lidschatten ist als Wachs-Öl-Schmelze, als Creme oder als kompakter ______________________ erhältlich. Damit der ______________________ gut haftet, trägt man vorher eine ______________________ auf. Lidschattenpuder wird mit einem ______________________ aufgetragen. ______________________ werden zur Umrandung der Augenlider eingesetzt; sie unterstreichen daher die Konturen der Lidränder. Intensivere Konturen der Augenlider werden durch flüssigen ______________________ bewirkt. Durch einen Lidstrich erscheint der Wimpernansatz dichter und die Augen wirken ausdrucksvoller. Bei Schlupflidern ist der Lidstrich mit einem Konturenstift unverzichtbar. ______________________ (______________________) dient zur farbigen Gestaltung, zur Verlängerung und zur Verstärkung der Wimpern. Falls die Wimpern nach dem Tuschen verkleben, werden sie mit einem ______________________ getrennt.

7. Bringen Sie die **Arbeitsschritte eines Augen-Make-ups** in die richtige Reihenfolge.

____ 

Lidschatten

____ 

Mascara

____ 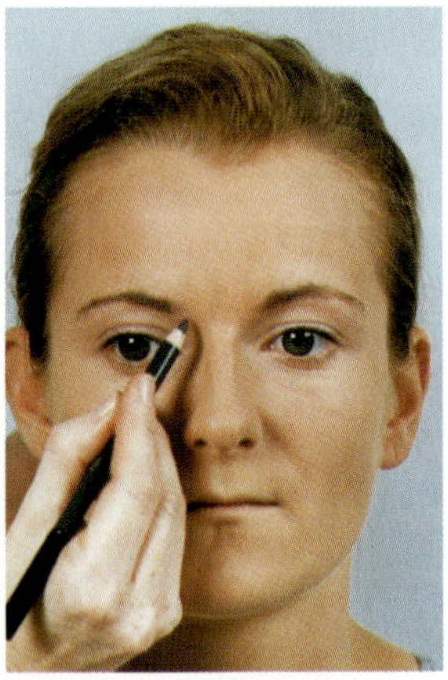

Korrektur der Augenbrauen

____ 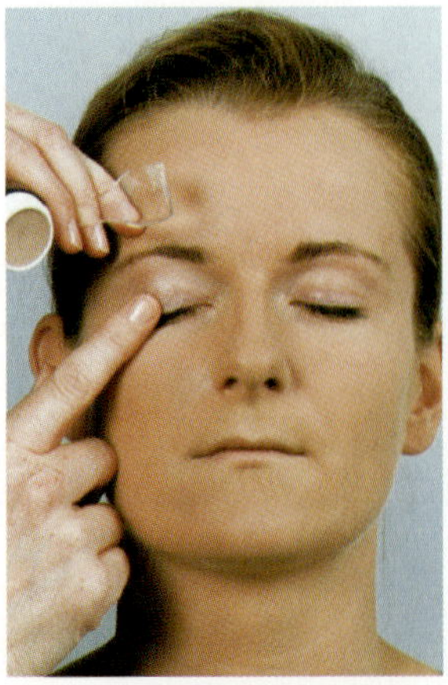

Lidschattenfixierung

____ 

Lidstrich

8

8. Welche Hygienemaßnahmen müssen Sie im Institut beim Auftragen von **Augen-Make-up** beachten?

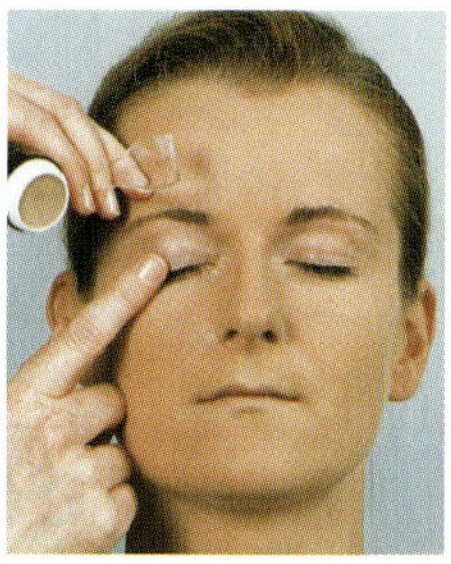

____

____

____

____

9. **Künstliche Wimpern** sind ein besonderes Angebot für Kunden mit kurzem oder spärlichen Wimpernwachstum. a) Bringen Sie die Arbeitsschritte zum Anbringen künstlicher Wimpernbänder in die richtige Reihenfolge. b) Erläutern Sie stichwortartig jeden Schritt.

	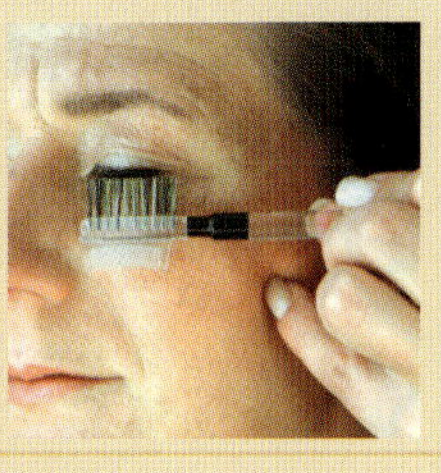		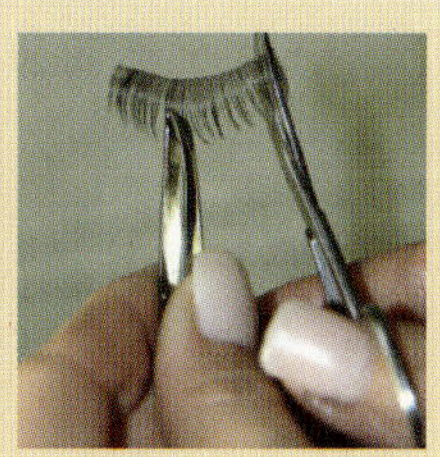	
Schritt: _____	Schritt: _____	Schritt: _____	Schritt: _____	Schritt: _____

10. Welche Aufgaben hat ein **Lippenkonturenstift**?

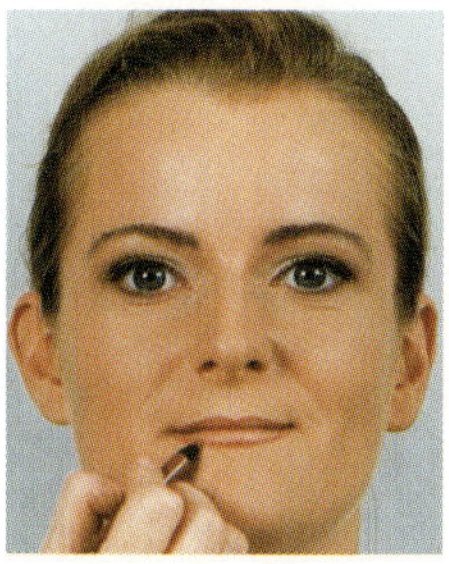

____

____

____

____

11. Korrigieren Sie die vorgegebenen Lippenformen, indem Sie die Lippenkonturen festlegen.

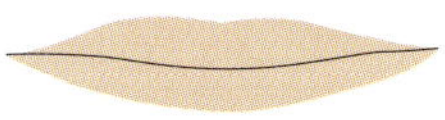	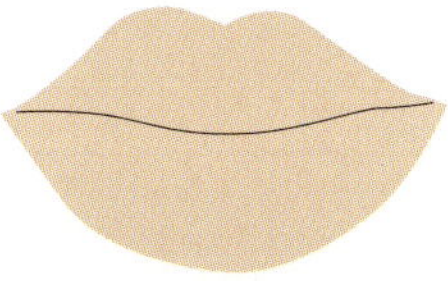		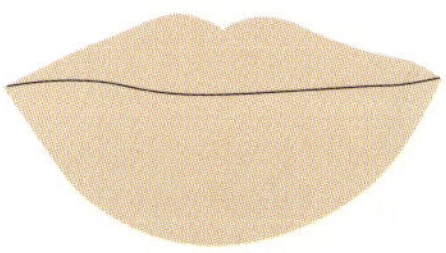
Korrekturmöglichkeit bei sehr schmalen Lippen	*Korrekturmöglichkeit bei sehr vollen Lippen*	*Korrekturmöglichkeit, wenn die Oberlippe sehr viel größer als die Unterlippe ist*	*Korrekturmöglichkeit, wenn die Unterlippe größer als die Oberlippe ist*

8

12. Welche Hygienemaßnahmen müssen Sie im Institut beim Auftragen von **Lippenstift** beachten?

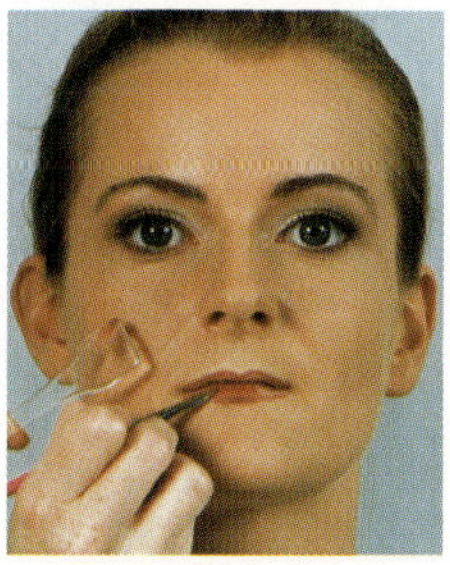

____

____

____

____

4.2 Abend-Make-up

Eine Kundin hat am Abend eine Einladung in die Oper. Sie möchte für diesen Zweck ein passendes Make-up.

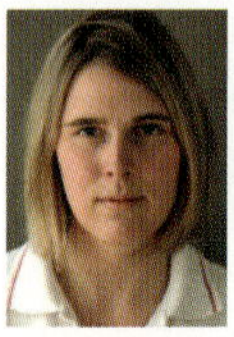

Erläutern Sie in der Tabelle die Arbeitsschritte und besonderen Schminkregeln für ein **Abend-Make-up**.

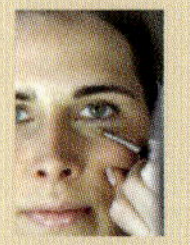 *Schritt 1: Grundierung, Abdeckcreme*	
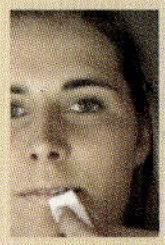 *Schritt 2: Grundierung, Make-up*	
  *Schritt 3: Grundierung, Puder*	
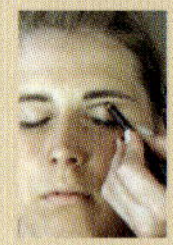 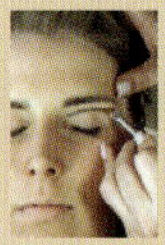 *Schritt 4: Augen-Make-up, Kajalstift*	
 *Schritt 5: Augen-Make-up, Lidschatten*	
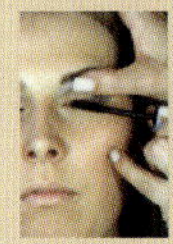 *Schritt 6: Mascara*	
 *Schritt 7: Lippen-Make-up*	
 *Schritt 8: Rouge und Glanzeffekte*	

4.3 Brillen-Make-up

1. Das Institut Wellness bietet in einer Sonderaktion ein **Brillen-Make-up** an. Die Auszubildende fragt: „Was ist denn so besonders an einem Brillen-Make-up?“

   Erklären Sie der Auszubildenden die Besonderheiten eines Brillen-Make-ups, indem Sie die Sätze ergänzen:

   Grundsätzlich richtet sich das Brillen-Make-up ______________________________

   ____

   Eine Brille für Weitsichtigkeit lässt die Augen optisch ______________________________

   Eine Brille für Kurzsichtigkeit lässt die Augen ______________________________

2. Notieren Sie die Besonderheiten eines Brillen-Make-ups für Kurzsichtigkeit und eines Brillen-Make-ups für Weitsichtigkeit in einer Gegenüberstellung.

Augen-Make-up für eine Brille bei Kurzsichtigkeit	**Augen-Make-up für eine Brille bei Weitsichtigkeit**

8

3. *„Für jede Gesichtsform die passende Brille!"* Das Institut Wellness arbeitet mit einem Optiker zusammen.

Welche Brillenform können Sie entsprechend der Gesichtsform empfehlen?

4.4 Braut-Make-up

1. Eine vorbereitende Gesichtsbehandlung sollte mindestens eine Woche vor der Hochzeit durchgeführt werden.
   a) Welche Behandlungen zählen dazu?

   b) Welche besonderen Maßnahmen können Sie der Kundin außerdem vor der Hochzeit empfehlen und anbieten?

2. Welche Besonderheiten müssen bei einem **Braut-Make-up** beachtet werden?

3. Beschreiben Sie die Arbeitsschritte, um das **Lippen-Make-up** der Braut besonders ausdrucksvoll und haltbar zu machen.

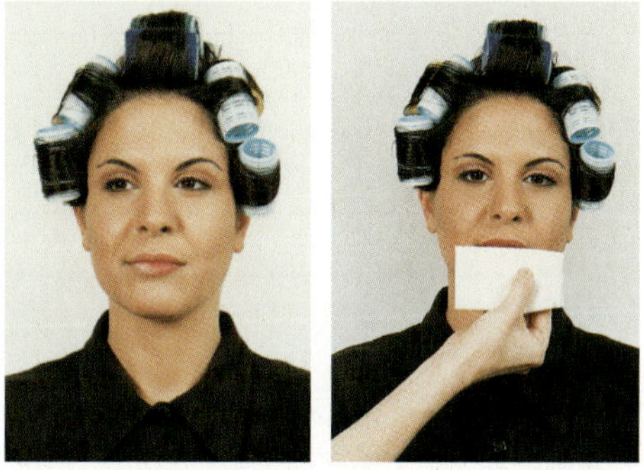

8

4.5 Senioren-Make-up

Eine ältere Kundin interessiert sich für einen Lippenstift. Die Kosmetikerin bietet ihr im Beratungsgespräch ein Tages-Make-up an. Kundin: „Ein gesamtes Make-up ist doch nichts für mich. Ich habe Falten und meine Haut ist immer gerötet." Kosmetikerin: „Es gibt für jeden Hautzustand ein geeignetes Make-up, mit dem auch Hautveränderungen überdeckt werden können. Ich würde es Ihnen gerne an unserem Schminkplatz vorführen und Ihnen Schminktipps geben. Sind Sie einverstanden?" Kundin: „Ja gerne."

Ergänzen Sie die Tabelle zu den altersbedingten Veränderungen und Schminktipps für ein Senioren-Make-up.

 **Altersbedingte Veränderungen**	 **Schminktipps**
Konturen:	
Pigmente:	
Falten und Linien:	
Augen:	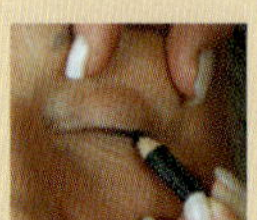 
Oberlippe:	
Lippen:	
Augenbrauen:	

4.6 Die Camouflage

1. **Camouflage** bedeutet Tarnen. Bei welchen Indikationen und zu welchen Anlässen können Sie einer Kundin eine Camouflage empfehlen?

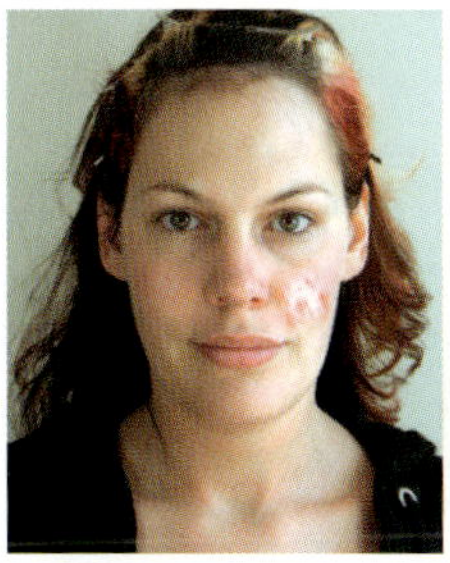

Vorher: Indikation Feuermal im Wangenbereich

Nachher: Mit Camouflage ist die Hautanomalie wisch- und wasserfest abgedeckt.

2. **Arbeitsschritte einer Camouflage**: a) Bringen Sie die sechs Fotos in die richtige Reihenfolge.

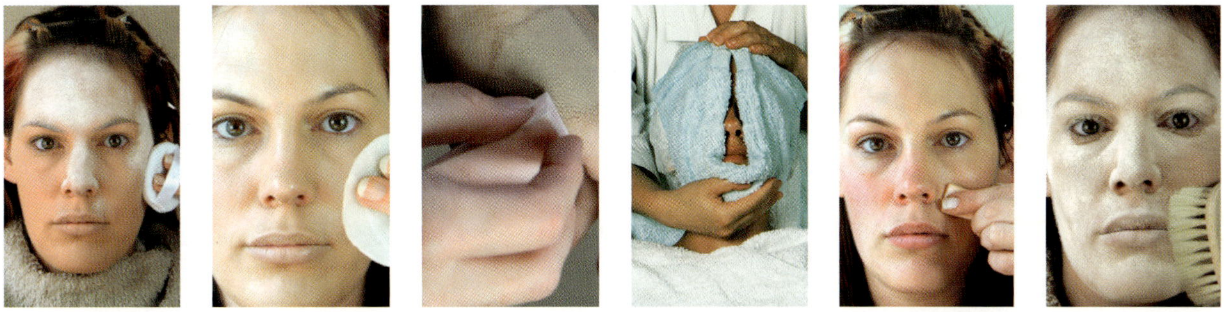

b) Beschreiben Sie die sechs Arbeitsschritte.

Arbeitsschritt 1:

Arbeitsschritt 2:

Arbeitsschritt 3:

Arbeitsschritt 4:

Arbeitsschritt 5:

Arbeitsschritt 6:

9 Von der Kosmetikfachfrau zur erfolgreichen Unternehmerin

1 Kundenbedürfnisse und Zielgruppen

1. Auch für den Verkauf von Dienstleistungen und Präparaten der dekorativen und pflegenden Kosmetik können jeder **Zielgruppe** besondere Angebote gemacht werden. Ergänzen Sie die Tabelle.

Zielgruppe		Besondere Angebote der dekorativen und pflegenden Kosmetik
Kinder		
Senioren		
Männer		
Jugendliche		

2. Welche Besonderheiten treffen auf die Zielgruppe **Senioren** zu? Kreuzen Sie die richtigen Aussagen an.

Ⓐ Senioren haben oft ausgeprägte Schminkgewohnheiten, die bei der Beratung berücksichtigt werden sollten.

Ⓑ Ältere Menschen wollen vor allem gepflegt und meistens ein bisschen jünger aussehen.

Ⓒ Da im Alter die Lippenkonturen besonders ausgeprägt sind, sollte man auf Lippenkonturenstifte und Lippenpflegestifte verzichten.

Ⓓ Man sollte auch Senioren ein modisches Make-up anbieten, denn oft wollen sie gerne zeigen, dass ihre Einstellung zur Mode jung geblieben ist.

Ⓔ Senioren sind eher zurückhaltend bei der Wahl neuer Augen-Make-up- und Lippenstiftfarben.

Ⓕ Zu den altersbedingten Veränderungen gehört eine glatte, rosige Haut, die man grundsätzlich dunkler schminken sollte.

2 Kundenwünsche ermitteln

1. Maniküre und Nageldesign sind lukrative Zusatzangebote im Kosmetikinstitut. Damit Sie die Kundenwünsche genau ermitteln können, bedienen Sie sich verschiedener Fragearten. Um welche **Frageart** handelt es sich? Ordnen Sie die Beispiele durch Pfeile zu.

Beispiele

„Welche Motive bevorzugen Sie für das Nageldesign?"

„Sie benötigen die passende Hand- pflegecreme zum Nagelöl aus der Serie?"

„Kennen Sie die Lackiertechnik French Manicure?"

„Möchten Sie lieber die Fiberglasfeile oder die Sandblattfeile mitnehmen?"

„Möchten Sie das Zusatzangebot mit dem Handbad zur Maniküre nutzen?"

„Welche Nagellackfarbe gefällt Ihnen besser zu der Bluse: die etwas hellere, natürlich wirkende Farbe oder die dunkle, auffällige Farbe?"

„Wie oft benutzen Sie Nagellack?"

Finden Sie nicht auch, dass für Ihren Theaterbesuch der Nagellack mit Perlglanz ideal ist?"

Frageart

Geschlossene Informationsfragen – Diese Fragen lassen nur eine Antwort zu, nämlich „Ja" oder „Nein".

Offene Informationsfragen – Es handelt sich meistens um W-Fragen, z. B. „Warum ..., wie ..., wo ...?" Diese Fragen ermuntern die Kundin, ausführliche Informationen zu geben.

Alternativfragen – Die Kundin kann sich zwischen verschiedenen Möglichkeiten entscheiden.

Suggestivfragen – Durch diese Fragen können Kundenwünsche beeinflusst werden. Sie enthalten eine Bewertung der Kosmetikerin.

2. **Suggestivfragen** können den Wunsch der Kundin beeinflussen. Welches ist keine Suggestivfrage?

(A) „Für Sie kommen doch sicherlich nur Produkte aus der Luxus-Serie in Betracht?"

(B) „Welche der beiden Feilen gefällt Ihnen besser?"

(C) „Sie benötigen zu diesem Klarlack also nicht den passenden Nagelweißstift?"

(D) „Das Sonderangebot zur Nagelmodellage möchten Sie heute wahrnehmen?"

(E) „Ist die Nagellackserie nicht wirklich hochelegant gestaltet?"

3. Das richtige **Parfum** ist vor allem Geschmackssache. Eine einfühlsame Beratung kann die Entscheidung für einen Duft erleichtern. Ergänzen Sie **Beispielfragen** zum Verkauf von Duftwässern.

Frageart	Beispielfragen
Geschlossene Informationsfragen – Diese Fragen lassen nur eine Antwort zu, nämlich „Ja“ oder „Nein“.	• *„Benutzen Sie ein Eau de Toilette?“*
Offene Informationsfragen – Es handelt sich meistens um W-Fragen, z. B. „Warum .., wie .., wo …?“ Diese Fragen ermuntern die Kundin, ausführliche Informationen zu geben.	• *„Welche Duftnote bevorzugen Sie?“*
Alternativfragen – Die Kundin kann sich zwischen verschiedenen Möglichkeiten entscheiden.	• *„Bevorzugen Sie eine leichte frische oder eine schwere Duftnote?“*
Suggestivfragen – Durch diese Fragen können Kundenwünsche beeinflusst werden. Sie enthalten eine Bewertung der Kosmetikerin.	• *„Sie bevorzugen doch sicher einen lang anhaltenden Duft?“*
Geschlossene Bestätigungsfragen – Diese Fragen stellen sicher, dass die Kosmetikerin die Kundenwünsche richtig verstanden hat.	• *„Stimmen Sie mit mir überein, dass die würzige Duftnote am besten zu Ihnen passt?“*
Entscheidungsfragen – Diese Fragen sollen der Kundin zu einer Entscheidung verhelfen.	

9

3 Die Beratung

Kunden wollen wissen, was sie für ihr Geld bekommen. Die Kosmetikerin muss der Kundin deshalb das „Vorher – Nachher" verdeutlichen.

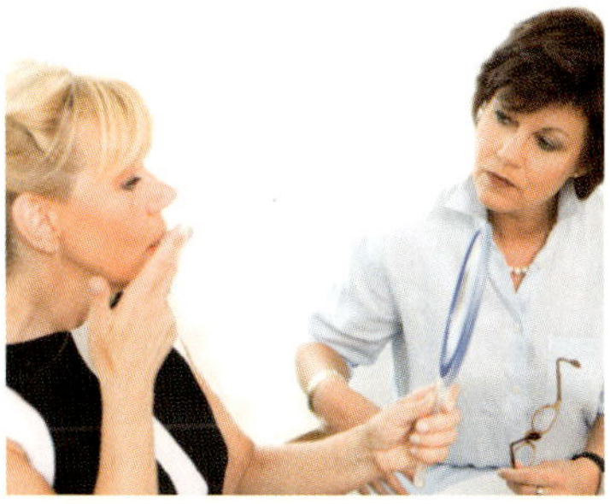

Teilen Sie zuerst die Mängel der Haut, sowie falsche Pflege- oder Schminkgewohnheiten mit. Knüpfen Sie daran die empfohlenen Vorteile überzeugend an.

a) Ergänzen Sie die Vorteile/Behandlungsempfehlungen zur **pflegenden Kosmetik** in der Tabelle.

Hautmängel	Behandlungsempfehlungen
trockene Haut	Eine Pflegecreme … ____________
festsitzende Hornschüppchen und Talgstauungen	Ein mechanisches Peeling … ____________ ____________ ____________
gerötete Hautbezirke	Eine Packung … ____________ ____________

b) Ergänzen Sie entweder die Mängel oder Vorteile zur **dekorativen Kosmetik** in der Tabelle.

Beispiele für Mängel	Beispiele für Vorteile
Ihre interessanten Gesichtskonturen kommen nicht richtig zur Geltung.	____________ ____________
Die Entzündungen sind zwar verheilt. Aber die roten Flecken der Pusteln sind noch sichtbar.	____________ ____________
____________ ____________	Dieser Lippenstift hat auch besonders pflegende Eigenschaften.
Ihre Augenbrauen sind sehr hell.	____________ ____________
____________ ____________	Der Mascara verlängert Ihre Wimpern. Sie haben dadurch einen verführerischen Augenaufschlag.
Ihre Oberlippe ist sehr schmal.	____________ ____________

Bildquellenverzeichnis

AKG Images, Berlin, Seite: 8; 9; 10.2; 11.2, 3; 12.2; 106.3
artPhotographie Heidi Capl, Bad Münstereifel, Seite: 118.2, 121.1-6; 122.1-11; 126.3, 4; 127.1-8; 128.5
Angelika Brauner, Hohenpeißenberg, Grafikerin, Seite: 28.1,30.1, 34.1, 44.2
Eucerin, Seite: 40, 51.10
Elisabeth Galas, Bad Neuenahr, Zeichnerin, Seite: 13, 17.2, 17.3, 26, 28.1, 30.1, 32.3, 4, 33, 34.1, 39.1,2, 4, 41.1-3, 44.2, 44.3, 49.2, 50, 58.1a-c, 58.2, 82.2, 82.3, 84, 89.3-89.5, 94, 95.3-95.6, 97, 102, 104, 107, 118, 120.1
Goldwell/KPSS Hair, Darmstadt, Seite: 12.6, 28.2, 48.1, 108.1, 109.4, 117.6
Dr. Imke Barbara Peters, Seite: 16.6, 31.1,2,35.1, 3; 36.1, 2; 44.1, 98.3-5
Fotolia Seite: 16.2 Patrizia Tilly; S.16.3 Ralf-Udo Thiele;.16.4 Valua Vitaly; 16_5 Amir Kaljikovic; 18.1 Kati Molin; 18.2 Ramona Heim; 21.2 mipan, 24.3, 25.3 pdesign; 25.4 dundanim, 27.1 ISO K°; 30.2 mipan; 32.1 Roman Milert; 32.2 Karin Jehle; 35. 2 elemental imaging ; 36.2 Kurhan; 37.3 ChristianSchwier.de; 37.5 puje; 42.1 Yuri Arcurs; 43.1 eka 48 Dmytro Konstantynov; 54.2 iChip; 54.3 Simone van den Berg; 54.4 Ellen Valentin; 54.5 pf30; 54.6 Áment Gellért; 54.7 Ellen Valentin; 55.2 Sebastian Duda; 55.4 Imagemaker; 57.1 paul prescott; 59.1,2 CURAphotography; 64.1 Photodo51; 64.2 Liv Friis-larsen; 64.3 foto.fred; 64.4 Kirsty Pargeter; 64.5 Andreas Gayer;
65.1 berekin; 65.2 Tomboy2290; 65.3 ExQuisine; 65.4 Eric Isselée; 67_4 Svenja98; 67.3 emeraldphoto; 67.4 Svenja98; 67.1 Marion Neuhauß; 67.5 Fradoray; 67.2 martine wagner; 67.8 emer; 67.14 Thomas Wöhrle; 67.10 Florin Capilnean; 67.11 the physicist; 69.14 Alterfalter; 70.3 Carola Schubbel; 70.4 Tomboy2290; 70.2 CRAIG MCATEER; 70.4 Olivier Tuffé; 70.5 lfstewart; 70.7 Christian Jung; 74.1Fotolia Sapsiwai; 74.3 Monika Adamczyk; 74.5 victoria p.; 74.6 dibrehm; 74.7 Lianem; 74.8 OLGA PETROVA; 74.9 Alx; 74.10 Tatar, 74.11 Dreymedv; 75.1 Serguei Kovalev; 76.2Patrizia Tilly; 77.1 Günter Menzl; 78.1 asta; 78.2 Robert Kneschke; 78.3 Jason Stitt; 78.4 Philip Date; 78.5 Olivier; 80.01 Meddy Popcorn; 86.4 Andrejs Pidjass
Great Lengths, St. Stephan i.R./Schweiz, Seite: 109.2, 117.2, 4, 7
Institut de beauté pyrène, Paris, Seite: 103.3
Krause Kosmetik, München, Seite: 103.1
Medical Pictures, Köln, Seite: 23.1, 24.2, 25.2, 29.3, 34.2, 41.2
MEV Verlag, Augsburg, Seite: 49.1, 70.6, 117.5, 128.1 -3
Marion Venus, Regensburg, Fotografin, Seite: 56.1, 101.1
Okapia pictures, Frankfurt, 65.5 Francios Schier
Picture Alliance, Frankfurt , Seite: 12.5, 12.7, 12.9, 20.1, 27.4, 37.4-6, 74.4 , 91.1, 101.7, 123.1, 123.2
Praxis „Die Hautärzte", Berlin, Seite: 103.4
Karsten Thilo Raab, Fotografie, Seite: 36.4; 55.1
Klaus Seeberger, Neuss, Fotograf, Seite: 6, 7, 14.1-3, 15.1-3, 16.1, 17.3, 44.4, 54.1, 55.3, 66.1, 58.3, 70.1, 2, 73.1, 2, 79.1, 80.1, 2, 81.1- 4, 82.1, 83.1, 85.1, -3, 86.1-3, 87.1-3, 88.1, 2; 89.2, 90.1-3, 99.2,3, 100.2, 3, 106.1, 2, 110.2, 113.3, 118.4, 119.1, 120.2-5, 121.1, 121.7,8, 122.12, 123.3, 125.1-3, 126.1,2, 127.6, 130.1, 131.2,
Schwarzkopf AG, Seite: 11.5
Gabriele Timm, Kaarst, Illustrationen, Seite: 10.1, 11.1,2, 12.1,4,10, 11, 124.1-4
Wikipedia/Wikimedia, Seite: 89.1, 74.2